KB269477

서문문고
073

마하트마 간디전

로망 롤랑 지음
박 석 일 옮김

차 례

제 1 부

I

깡마른 얼굴에 인자하게 빛나는 두 눈, 가냘프고 작은 체구, 머리엔 흰 모자를 얹고, 몸엔 거친 순백의 무명옷을 걸쳤다. 그리고 언제나 맨발이다.

채식주의자인 그는 약간의 쌀과 과일을 주식으로 하며, 마룻바닥에서 잔다. 수면시간은 매우 짧고 쉴 사이 없이 일한다. 몸은 전혀 돌보지 않는 것처럼 보인다.

그의 전체적인 인상은 한마디로 말해서 '무한한 인내와 영원한 사랑' 그것이다.

남아프리카에서 간디를 만났던 W.W.피어슨은 자신도 모르게 아시시의 성(聖) 프란체스코를 연상하였다. 그는 천진난만한 어린애와 같은 단순함만을 지니고 있는 듯했다.[1]

그의 태도는 한없이 인자하여, 적들을 대할 때에도 부드럽기만 하고[2] 순수한 진실성을 간직하고 있다.[3]

---

1) C.F.앤드루스가 말한 대로 그는 천진난만하게 웃고 또한 어린아이들을 무척 좋아했다.

2) "어느 누구도 그의 매력적인 인품에 저항할 수 없다. 사나운 적들도 간디의 인자한 태도엔 부드럽게 풀이 죽어버린다."(조셉 J.도크)

그는 겸손하며, 때로는 거의 어리석을 만큼 결단성이 없기도 하지만, 어떤 일에든 굴복하지 않는 정신의 소유자이기도 하다.

그는 결코 타협하지 않으며 과오를 은폐하려 들지 않는다. 그리고 권모술수를 알지 못한다. 또한 어떤 웅변적인 효과를 피하거나 그 효과를 전혀 고려하지도 않는다.4)

그를 위한 명예로운 대집회 같은 데서도 그는 무의식적으로 겸허해한다. '자기를 공경하는 다수의 병든' 대중을 신뢰하지 않으며 오히려 그 '폭로주의'와 대중의 무분별한 열정을 두려워하는 편이다.

그는 오직 소수의 명상적인 고독 속에서만 '잔잔한 작은 음성'을 들을 수 있고 또한 가장 행복해한다.5)

이 사람이 바로 3억의 인구를 눈뜨게 하고 대영제국의 근간을 흔들어 놓았으며, 인간의 정치 속에 지난 2천 년을 통해서 가장 종교적인 원동력을 도입했던 위인이다.

---

3) "아무리 사소한 것일지라도 진리에서 벗어나는 일은 그에겐 참을 수 없는 것이다." (C.F.앤드루스)

4) "그는 열정적인 웅변가가 아니다. 그의 태도는 조용하고 잔잔하며 특히 지성인에게 어필한다. 그러나 그의 정적인 모습은 가장 명백한 빛 속에서 토론할 주제를 마련한다. 그의 음성은 다양하지 않지만 아주 진지한 것이었다."(조셉 J.도크)

5) 참고 : 이 책의 주(註)들에 인용된 날짜는 영 인디아에 간디의 글들이 발표된 날짜를 가리킨다(1922년 3월 2일 영 인디아)

II

그의 본명은 모한다스 카람찬드 간디(Mohandas Ka-ramchand Gandhi)이다.

그는 1869년 10월 2일, 인도 서북쪽의 오만 해안에 자리 잡고 있는 반독립 소국(半獨立小國), '화이트 시티'라고 불리는 포르반다르(Porbandar)에서 태어났다.

그는 당시 내란으로 분열된 정열적이고 활동적인 종족(種族)에 속했다. 이 종족은 매우 실질적인 종족으로서 상업적인 재능이 대단하여 아덴(Aden,아라비아 반도 남단에 있는 항구)으로부터 잔지바르(Zanzibar,아프리카 탄자니아에 있는 항구)에 이르기까지 여러 도시와 무역관계를 수립하여 왔다.

간디의 아버지와 할아버지는 모두 그 종족의 지도자로서 독립정신이 투철하여 많은 박해를 받았다. 그들은 모두 망명을 강요당했던 것이다. 간디 가(家)는 비교적 부유한 편이어서 지주 계급에 속하긴 했지만 상류 계급은 아니었다.

그러나 그들은 생명에 대해서 비폭력주의를 근본 원리로

삼는 힌두교의 자이나 교파 아힘사1)의 신자였다.

이 원리는 간디가 확신을 가지고 전 세계에 널리 부르짖었던 원리이며, 사랑의 원리를 믿는 자이나 교파 신자들에게는 신에 이르는 유일한 도표였다.

간디의 아버지는 물욕이 별로 없는 사람이어서 전 재산을 자선사업에 거의 다 바치고 그의 가정에는 아무것도 물려준 것이 없었다. 또한 간디의 어머니는 힌두교의 성 엘리자베스 종족으로서 믿음이 깊은 부인이었으며 예사로 단식을 감행할 뿐 아니라 가난한 사람들에게 자선을 베풀고 병자들을 보살펴 주기도 하였다.

간디 가에서는 ≪라마야나≫(고대 힌두의 서사시)가 규칙적으로 읽혀져 왔다. 간디의 첫 선생은 그에게 비시누(힌두교의 3대신 중 하나) 경전(經典)을 가르친 브라만(인도 사성(四姓) 중에 가장 높은 지위의 승족(僧族))의 한 사람이었다.2)

후년에 간디는 자신이 훌륭한 산스크리트(Sanskrit, 완

---

1) 힘사는 악을 행하는 것, 반대로 아힘사는 생명에 대해 누를 끼치지 않는 것이다. 이 원리는 비폭력주의의 근간을 이루며 고대 힌두교의 가장 중요한 원리인 동시에 자이나교의 창설자 마하비라, 석가모니 그리고 비시누의 제자들에 의해서 제창된 인도의 여러 종교들의 근본 원리이다.

2) 그는 7세까지 포르반다르의 초등학교에 다녔고 10세까지 라시코트의 공립학교에 다녔다. 그 후 17세에 아메다바드 대학에 입학하기 전까지 카차와르 고등학교에 다녔다.

전한 언어란 뜻으로 전인도의 고급 문장어) 학자가 되지 못한 것을 후회했으며, 영국식 교육을 반대하는 그의 비애는 인도인들이 그들의 재산인 언어를 차츰 저버리고 있는 데 있었다. 그러나 간디는 번역판으로만 ≪베다(Veda)≫(인도 브라만교의 근본 성전으로서 종교적 서사시를 모은 책) 경전과 ≪우파니샤드(Upani- shad)≫(인도 철학의 근본 사상을 말한 책으로 후에 인도 6파 철학의 원천이 됨)를 읽었지만 힌두교의 모든 경전에 관해서 깊은 조예를 가진 학도가 되었다.

그는 소년 시절에 매우 극심한 종교적 시련을 겪었다. 때때로 힌두교에서 행하는 우상숭배의 형태에 충격을 받고 마치 무신론자(無神論者)처럼 친구들과 함께 고기를 먹는 등 힌두교인으로선 추악한 행위를 자행하기도 했다. 그러고는 혐오와 고통으로 거의 파멸 상태에 이르기도 했다.[3]

그는 여덟 살에 약혼을 하였고, 열두 살에 결혼하였다.[4]

------

3) 후년에 간디는 조셉 도크에게 고기를 먹은 후 고통 받았던 경험에 대해서 이야기했다. 그는 마치 살인자처럼 잠잘 수조차 없이 고뇌했음을 실토했다.

4) 그는 유년 결혼제도를 반대했다. 그리고 종족을 약화시킨다는 근거에서 그 제도를 반대하는 운동을 벌였다. 그러나 예외적인 몇 가지 경우로 해서 개인적인 성격이 형성되기 이전에 그와 같은 결합은 부부간의 동정과 조화의 아름다운 관계를 형성할 수도 있다고 말한 적이 있었다. 간디는 이와 같은 예의 존경할 만한 본보기이다. 간디의 부인은 목적을 위한 끊임없는 추진성과 굽히지 않는 용기로써 남편의 고난과 고통을 함께 나누었다.

그리고 열아홉 살 때 런던 대학교와 법률학교에서 수학하기 위해 영국으로 건너갔다. 인도를 떠나기 전에 그의 어머니는 그에게 자이나 교도로서의 세 가지 맹세, 즉 금주·금육식·금욕을 지키도록 당부했다.

그는 1888년 9월, 런던에 도착하였으나 처음 몇 달 동안은 불안과 의혹 속에서 보낸 것 같다. 그것은 "영국인이 되기 위한 노력에 많은 시간과 돈을 소비했다"고 한 그의 말로 미루어 알 수 있다.

그러한 기간이 지난 후에 비로소 그는 공부에만 몰두하게 되었고 아주 엄격하고 규칙적인 생활을 할 수 있었던 것이다. 친구들이 그에게 성경을 주었지만 그것을 이해해야 할 시기는 아직 오지 않았다. 그러나 그가 처음으로 ≪바가바드 기타≫의 아름다움을 인식한 것은 런던에 체재하고 있을 무렵이었다. 그 경전은 그에게 있어 마음의 등불이었다. 그 경전은 망명당한 힌두(인도인)가 찾고 있었던 빛이었으므로 그것은 곧 그를 신앙으로 돌아가게 하였다. 그는 비로소 자기의 구원은 오직 힌두교에만 있다는 것을 깨달았다.

그는 1891년에 인도로 돌아왔지만 그것은 대단히 슬픈 귀향이었다. 왜냐하면 그의 사랑하는 어머니가 돌아가신 직후였기 때문이며, 따라서 어머니의 사망 소식은 한동안 그를 깊은 슬픔에 젖게 했다.

얼마 후 그는 봄베이 고등 법원에서 법률 사무를 보기 시작했으나 몇 년 못 가서 자기의 직업이 부도덕하게 여겨져 그 사무를 중단해 버렸다. 그는 법률 사무를 보고 있는 동안 그 소송 사건이 부당하다고 믿을 만한 이유가 있을 때 그 사건을 거부하는 권리를 행사하곤 했었다.

그는 직무를 수행하는 첫 단계에서 마음을 울렁이며, 장차 평생의 사명을 완수하는 데 도움을 줄 수 있는 여러 층의 사람들과 접촉하였다.

그리고 그는 특별히 두 위대한 인물의 영향을 받았다. 그 중 한 사람은 '봄베이의 무관(無冠)의 제왕'이라고 불리는 파르시이 사람 다다바이였고, 다른 한 사람은 고칼 교수였다.

고칼은 인도의 지도적 정치가의 한 사람으로서 교육 개혁을 최초로 주장했던 인물이며, 다다바이는 인도 민족주의 운동의 진정한 선구자였다. 이 두 인물 모두 최고의 지혜와, 가장 높은 순수성과 온건한 힘을 가진 학문을 겸비하고 있었다.5)

다다바이는 간디의 청년적인 열정을 완화시켜 주었고,

---

5) 선구자로서의 두 인물은 젊은 세대의 배은망덕 때문에 고통을 받았다. 그들의 정치적 이상은 간과되었고 정도(正道)를 밟는 그들의 노력은 비난을 받았다. 그러나 간디는 항상 대의를 향한 그들의 업적을 인정하였고 그들에게, 특히 고칼에게는 진리가 함께 하고 있음을 깨달았다. 간디의 고칼에 대한 존경심은 깊어서 거의 종교적 연민을 나타냈다. 그는 자주 고칼과 다다바이에 대해서 젊은 세대들이 존경해야 할 인물이라고 말했다.

1892년 간디가 영웅적인 무저항을 적용하는 데 있어서 악을 악으로서가 아닌 사랑으로 싸우도록 공적 생활을 인도했으며, 아힘사에 대한 진정한 첫 교훈을 그에게 준 사람이다. 뒷장에서 인도의 장엄한 선언을 온 세계에 외친 아힘사의 신비한 어원을 토의하게 될 것이다.

Ⅲ

　간디의 활동은 두 기간으로 나눌 수 있다. 즉 1893년에서 1914년까지 남아프리카에서의 활동과, 1914년에서 1922년까지의 인도에서의 활약으로 나누어진다.

　간디가 20년 이상이나 남아프리카에서 그의 운동을 수행해 오면서도 서구의 특별한 논평을 받지 못했다는 사실은 어디까지나 우리의 정치 지도자들과 역사가들, 또는 종교가들의 근시안적인 견해 때문이라고 할 수 있다. 왜냐하면 간디의 노력이 근세에 있어 비할 데 없는 긴장과 희생의 제물이 되었다고 해서가 아니라, 최후의 승리를 거둔 한 영혼의 서사시를 이루고 있기 때문이다.

　1890년에서 91년 사이에 15만 명의 인도인 이주민이 남아프리카에 정착하였으며 그 이주민의 대부분이 나탈 지역에 터전을 마련하였다. 백인 거주민들은 인도인의 출현에 분개를 나타냈으며 따라서 정부도 아시아인의 이민을 거부할 뿐 아니라, 이미 아프리카에 정착하고 있던 유색인을 추방하는 일련의 혹독한 방책을 마련함으로써 백인의 유색 인종에 대한 혐오감을 조장하였다.

조직적인 박해로 말미암아 아프리카에 이주한 인도인의 생활은 비참하기 이를 데 없었다. 그들은 과중한 과세에 짓눌렸을 뿐 아니라 갖은 모욕적인 경찰 법령과 폭력을 받고 있었다. 그리고 '백인' 문명의 손아귀 속에서 재산과 상점은 약탈당하고 파괴되었으며 마침내는 사형(私刑)이 자행되기도 했다.

1893년에 간디는 한 중요한 소송 사건으로 인하여 프리토리아로 소환되었다. 그는 남아프리카 사태에 별로 익숙하진 않았으나 처음부터 일일이 명확한 체험을 했다. 훌륭한 민족의 힌두로서 영국과 서구에서 가장 훌륭한 대우를 받았다는 이유로 백인들을 다정한 친구처럼 생각했던 간디는 갑자기 자신이 아프리카에서는 가장 상스러운 모욕의 대상임을 알게 되었던 것이다.

나탈, 특히 네덜란드 영토인 트랜스발에서 있었던 일이다. 그는 호텔과 전차에서 쫓겨나는 모욕을 당했고, 발길에 차이며 구타를 당했다. 남아프리카에서 1년간 체재하기로 계약한 일만 없었던들 그는 즉시 인도로 돌아갔을 것이다. 이 기간 동안 그는 자제하는 법을 배우기는 했으나 빨리 계약이 만료되어 인도로 돌아가기만을 기다렸다.

그러나 그가 임기를 마치고 출국하려 할 무렵 남아프리카 정부에서는 인도인의 투표권을 박탈하는 법안을 만들어 그

곳에 있는 인도인들을 완전 무방비 상태로 몰아넣었다.

따라서 인도인들은 완전히 무조직 상태가 되었으며 사기를 잃어버렸다. 그들에겐 지도자가 없었다. 그들을 인도할 출중한 인물이라곤 한 사람도 없었다.

간디는 그들을 보호해야 할 의무를 느꼈다. 따라서 자기가 귀국한다는 것은 오히려 부당한 일이라고 생각했다. 이 어쩔 수 없는 인도인의 대의(大義)는 숙명적으로 그의 것이 되었다. 그는 그 대의를 위해서 자신을 포기하고 계속 아프리카에 머무르게 되었다.

그리하여 한 인간의 숭고한 정신과 부당한 정부의 권력과 무자비한 세력 사이에 역사적인 투쟁이 시작되었다.

당시 법률가였던 간디는 완강한 반대에도 불구하고 법적인 견지에서 아시아인의 배척 법안에 대한 불법성을 입증하는 첫 투쟁에서 승리한 것이다.

이 사건에 관련하여 많은 사람의 서명을 받은 탄원서로 그는 나탈에 인도국민회의파를 조직하였고 인도인 교육을 위한 협회를 형성하였다.

얼마 후 그는 인디언 오피니언(Indian Opinion)이란 영어판 신문과 세 개의 인도어 판 신문을 발행했다. 마침내 그는 아프리카에서 자기 민족을 위하여 보람 있는 일을 할 것을 결심했다.

요하네스버그에는 돈을 잘 버는 소송 의뢰인들이 많이 있었다(고칼은 그 당시 간디가 1년에 5천 내지 6천 파운드를 벌었다고 말하고 있다). 그러나 그는 성 프란체스코처럼 빈곤을 택하기 위해서 그 귀중한 소송 사무직을 포기하였다. 박해받는 인도인의 생활을 영위하고 그들과 고통을 같이하기 위해서 모든 영리적인 관계를 포기한 것이다.

또한 그는 인도인들을 소중하게 보호하기 위해서 그들에게 무저항의 원리를 가르쳤다.

1904년에 그는 더반 부근의 피닉스에 톨스토이의 이념 주의를 본떠서 농업 집단을 설립하였다.[1] 그리하여 그는 동족을 불러 토지를 증여하는 한편 그들로 하여금 빈곤의 숭엄한 맹세를 지키게 하였다. 그는 또한 자신을 가장 비천한 일꾼이라고 생각했다.

수년 동안 이 조용한 집단은 무조건 정부에 저항하였다.

---

1) 톨스토이가 간디에게 보낸 장문의 편지는 인디언 오피니언의 '골든 넘버'에 게재되었다. 그 편지는 톨스토이가 사망하기 직전인 1910년 9월 7일에 썼다.

톨스토이는 인디언 오피니언을 읽었고 인도의 무저항 운동을 듣고 충분히 만족하였다. 그는 그들의 운동을 칭찬하였고 무저항은 사랑의 율법이며 인간 정신의 영적(靈的)인 교섭의 부분을 형성하는 영감이라고 말하였다. 그 정신은 예수의 율법이며 세계의 모든 정신적 지도자들의 율법인 것이다.

나의 친구 파울 비로코프는 모스크바에 있는 톨스토이 박물관에서 톨스토이가 간디에게 보낸 몇 편의 다른 편지들을 찾아냈다. 그는 ≪톨스토이와 동양≫이라는 제목의 책에서 그 서한들을 출간하고자 했다.

그리하여 도시에서 철수하여 국내의 산업 활동을 점차로 마비시켰다. 마치 로마 제국의 대권력이 기독교인의 신앙에 의해 무기력해진 것처럼, 폭력에 반대하여 일종의 종교적인 투쟁을 수행함으로써 무력화(無力化)하도록 시도하였던 것이다.

그러나 초기의 기독교인들은 간디처럼 그들의 박해자를 돕기까지 하면서 사랑과 용서의 원리를 수행한 자는 거의 없었다. 남아프리카 정부가 심각한 곤경에 처할 때면 언제나 간디는 공공 봉사면에서 인도인들의 비참여 운동을 중지시켰고 원조를 제공하기도 했다.

1899년 보어 전쟁(Boer War, 1899~1902년 사이에 있었던, 영국인과 보어인들 간의 전쟁) 때에 그는 인도인으로 구성된 적십자단을 조직하여 두 차례나 용맹을 발휘하였다.

1904년 요하네스버그에서 페스트가 발생했을 때 간디는 병원을 개설하기도 했다.

1908년에는 나탈에 있는 원주민이 반란을 일으켰다. 그때 간디는 브랭카르디어를 조직하여 그 부대의 지도자로서 봉사하였으며, 나탈 정부 측에서도 그에게 공식적인 감사를 표시하였다.

그러나 이 비영리적인 봉사도 백인들의 증오를 완전히 해소시키지는 못하였다. 간디는 자주 체포당하여 옥고를 치렀으며[2] 전쟁시의 그의 봉사에 대해 공공연한 감사를 보낸 뒤에도 그에게 투옥과 중노동의 선고를 내린 일이 한두 번이 아니었다.

때로는 폭도들에게 폭력을 당한 후 거의 사경 직전에 이른 일도 있었다.[3] 그러나 어떠한 폭력이나 박해도 간디로 하여금 그의 이상을 포기시키지는 못했다.

그러한 시련 속에서도 그의 신념은 오히려 더욱 강하게 굳어져 갔다. 남아프리카에서 보여준 폭력에 대한 그의 유일한 대답은 1908년에 출판된 유명한 소책자 ≪힌두 스와라지(Hind Swaraj)≫[4]였다. 인도인의 자치(自治)에 관한 이 팸플릿은 영웅적인 사랑의 사도인 것이다.

그의 투쟁은 20년 동안이나 계속되었고, 그 투쟁이 가장 심각했던 시기는 1907년부터 1914년 사이가 아니었던가 싶다.

아프리카에서 가장 지적(知的)이고 관대한 영국인들이

---

2) 간디 자신의 ≪M.K. 간디의 연설과 집필≫에서 흥미 있는 제목으로 그의 옥중 경험을 아주 유머러스하게 표현하고 있다.

3) 1907년 간디는 그의 동족에 의한 폭력에 희생되었다. 그 이유는 그의 유화한 태도가 특정한 인도인들로부터 의혹을 사게 되었으며, 다른 한편으로 정부는 그에게 협상하는 모든 권력을 위임하였다. 그리하여 간디는 압제자와 피압제자 양편의 폭력에 고통을 당하였던 것이다.

4) 후년에 간디는 조금 더 오래 ≪힌두 스와라지≫에 머무를 것이라고 술회했다.

그 아시아 법안을 반대하였으나 그럴수록 남아프리카 정부는 또 다른 새로운 아시아 법안을 재빨리 만들어냈던 것이다. 이러한 사태는 간디로 하여금 대규모의 무저항 운동을 조직하게 하였다.

1906년 9월 간디는 요하네스버그에서 거대한 집회를 소집했으며 그 집회에 참석한 인도인들로 하여금 장엄하게 무저항의 맹세를 굳게 하도록 했다. 이 운동이 널리 퍼져나가자 아프리카에 있는 중국인도 인도인들과 연합하였고, 모든 종족·종교와 계층, 빈자와 부자 할 것 없이 아시아인은 그 대의를 향하여 모두 동일한 열광과 극기를 보냈다. 그리하여 수천 명에 달하는 아시아인들이 투옥되었고 심지어는 감옥이 좁아서 광산의 갱에 감금되기도 하였다. 그러나 감옥은 마치 그들의 박해자인 스무트 장군이 '양심적인 반대자들'이라고 부른 이 사람들을 유혹하는 것 같았다.

간디는 세 번 투옥되었으며5) 순교자도 많이 생겼으나 그 운동은 점점 확산되어 나가기만 하였다.

1913년엔 트랜스발에서 나탈에까지 확대되어 갔다. 거대한 동맹 파업이 일어났으며, 놀랄 만한 집회들과 헤아릴 수 없이 많은 인도인들이 트랜스발로 행군해 옴으로써 아프

---

5) 조셉 L.도크는 간디와의 대담으로 1908년 간디가 감옥으로부터 요하네스버그 성까지 어떻게 끌려갔으며 또 어떻게 가장 흉악범들인 중국인 관습범 범죄의 죄명으로 감방에 처넣어졌는지를 그의 책 마지막 장에서 흥미 있게 기술하고 있다.

리카와 아시아에서는 놀라운 흥분 속에 여론이 들끓었으며, 전 인도에서는 의분으로 격동된 여론에 압도당한 총독 하딘스 경(卿)이 결정적으로 남아프리카 정부에 항의를 제기하기에 이르렀다.

이 '위대한 정신'의 굴하지 않는 끈기와 이상한 힘이 마침내 승리를 거두었던 것이다. 무력(武力)이 영웅적인 온화함 앞에서 여지없이 머리를 숙인 셈이다.

1909년 인도인들을 보다 완강히 반대했던 스무트 장군은 그들에게 꼭 알맞게 제정한 법령을 결코 폐기할 수 없다고 말했었지만, 그로부터 5년 뒤인 1914년, 그는 그 법령이 폐기되었음을 오히려 기쁘게 생각하였다. 그리고 한 제국위원회는 간디를 후원하여 주었다.

1914년 새로 제정된 법령은 3파운드의 인두세(人頭稅)를 철폐하였고, 그 동안 금지하여 오던 인도인들의 출국을 허가함으로써 그들이 자유노동자로서 나탈에 정착하는 것을 허락하였다.

희생의 20년이 지나간 뒤에야 비로소 간디의 무저항이 승리를 거두었다.

Ⅳ

간디가 귀국했을 때 그는 지도자로서의 명성을 얻었다.

인도의 독립 운동은 19세기 초에 시작된 이래 끊임없이 기반을 굳혀 왔다. 30년 전에 소수의 훌륭한 영국인 중에서 A.O. 흄과 윌리엄 웨더번 경 같은 인물들이 인도국민회의파를 창설하는 데 주역을 담당하였다. 빅토리아 시대의 자유주의자인 그들은 국민회의파에 충성을 다했으며 영국에 통치권을 요구하는 인도의 주장을 확고히 하고자 노력하였다.

따라서 일본의 러시아에 대한 승리는 아시아인의 자부심을 불러일으켰으며 인도의 애국자들은 총독 커전 경의 자극적인 태도에 분개했던 것이다. 뒤이어 국민회의파 내에 한 과격파인 민족주의파가 형성되어 전국의 일반적인 감정에 상응하였다.

그러나 1914년의 전쟁까지는 전래의 적법한 활동이 영국에 충성을 다한다고 믿어 인도의 위대한 애국 지도자

G.K. 고칼의 지도 하에서 계속되었다.

일반적인 국민감정의 반응으로 국민회의파는 스와라지, 즉 자치에 대해서는 찬동했으나 여러 층의 회원들이 자치를 획득하기 위해서 어떤 형태의 행동을 취할 것인가에 대해서는 모호하였고 따라서 국민회의파 내에 의견이 분분하였다.

어떤 사람들은 영국과 협력할 것에 찬동하였고 다른 일파에서는 인도에서 영국인을 축출할 것을 제안했다. 또 어떤 사람들은 캐나다처럼 자치령 제도를 주장하였고 혹은 인도는 일본처럼 반드시 독립국가가 되어야 한다고 주장하기도 했다.

간디는 한 결의안을 제출하였다. 그것은 정치적이라기보다는 종교적인 것이었으며 그 결의안의 내용은 다른 어떤 사람들의 것보다 더 과격했다. 그 원리는 그의 저서 ≪힌두 스와라지≫에서 찾아볼 수 있을 것이다.

그러나 이 결의안은 남아프리카의 상태에 근거를 둔 것이었으므로 간디는 그 안을 인도의 상황에 맞도록 수정을 해야만 했다. 그는 자신이 남아프리카에 체재할 동안 인도의 상황에 별로 익숙하지 못했음을 알고 있었으며, 그것은 저항 받을 수 없는 무기인 아힘사, 즉 비폭력이 어떤 의미를 가질 수 있는가를 증명하는 것이었다. 그러므로 그는 그들에게 아힘사의 무기를 주입시키기 위해서 인도의 실태를 연구하기로 결심했다.[1]

이 시기에 간디는 영국에 대하여 적대적인 감정을 갖지 않았다. 오히려 1914년 전쟁이 발발했을 때 그는 인도인으로서 야전위생대(野戰衛生隊)를 조직하기 위해 런던으로 건너갔던 일이 있었다. 1921년에 쓴 그의 편지에서 설명한 대로 그는 대영제국의 한 시민임을 확실하게 믿었다.

1920년에 출간된 그의 서한집 ≪인도에 있는 모든 영국인들에게≫에서도 여러 번 그의 태도를 표명했다. 20년의 공공 생활 속에서 어느 영국인 못지않게 충실히 대영제국에 봉사했다고 말했다. 그는 네 차례나 영국을 위해서 생명의 위협을 받기도 했던 것이다.

1919년까지는 영국 정부를 위해서 진지하게 협조하는 것을 신념으로 삼았다. 그러나 점차 감정의 변화를 가져오기 시작하였다. 그는 더 이상 그렇게 할 수 없다는 생각이 들었다. 간디만이 유독 이와 같은 감정의 변화를 경험한 것은 아니다.

1914년, 전 인도는 소위 '정의를 위한 전쟁'이란 위선적인 이상주의에 도취되어 있었다. 영국 정부는 인도의 지원을 요구하면서 희망을 안겨 주었다. 온 국민이 갈망하던 자치의 허가는 전쟁 중이므로 인도의 태도 여하에 달려 있다

---

1) 간디의 존경하는 스승인 고칼은 죽기 전에, 간디에게 정치에 참여하기 전 인도 전역을 여행하여 스스로 사태를 파악할 것을 제안했다. 그리고 간디는 1년 동안 인도의 정치 현실에 적극적인 참여를 하지 않을 것을 약속했다.

고 말하였다. 1917년 8월 영리한 인도상(印度相)인 E.S. 몽타규는 인도 정부가 국민에 대해 책임을 질 것을 약속하였다.

1918년 7월 총독 첼름스포드 경과 몽타규는 인도에서 헌법 개정을 추진하는 공식 각서에 서명을 했다.

1918년 초 연합군은 가장 위험한 사태에 놓여 있었다. 4월 2일 로이드 조지는 인도 국민에게 간청하는 성명을 보내는 한편, 4월 말경 델리에서는 전쟁 회의가 개최되었다.

그 회의에서 인도의 독립이 가까워지고 있음을 시사했다. 그리고 간디는 영국 정부에 대해 그의 충성스런 후원을 약속했다.

드디어 인도는 8만 5천 명의 인력을 제공하였고, 따라서 수많은 희생을 치렀다. 그리고 인도는 확신을 가지고 약속한 보상을 기다리고 있었다.

각성(覺醒)은 무서운 것이었다. 위험은 1918년 말에 끝났고 봉사의 기억도 모두 사라져 갔다. 휴전이 조인된 후 영국 정부는 더 이상 구실을 만들 수 없음을 알자 약속한 자유를 허용하는 대신 기존 자유를 깡그리 앗아버렸다.

델리에서 대영제국 하원에 제안한 로왈라트 법안은 인도인의 충성심을 여러 면으로 증명한 데 반해 모욕적인 불신을 표명했다. 이들 법안은 전쟁 동안 인도를 이용하여 국방법의 준비를 명확히 확립하였으며 비밀경찰 고용·검열, 그리고 영구적인 현실로서의 실질 계엄 상태의 모든 폭군적인 두통거리를 만들어냈다.

드디어 이런 기미를 알아챈 전 인도에서는 분개의 불꽃이 일어나 반란이 시작되었다.[2] 간디는 이 운동을 지도했다.

이로부터 간디는 사회적인 개혁에 관심을 가지고, 특히 농업 노동자들에게 헌신하였다. 구자라트 주에 있는 카이라 촌락, 그리고 비하아르 주의 참파란 촌락에서 민족 투쟁에 사용했던 그 엄청난 원리를 거의 무의식적으로 채택하여 성공시켰다. 이 무기란 바로 적극적인 무저항의 의지이다.

그러나 1919년까지는 인도의 독립 운동에 적극적으로 참여하지 않았다.

1916년 애니 베산트 여사의 지도 하에 함께 뭉쳤던 가장 진보적인 세력들은 곧 여사의 지도에서 벗어나, 넘치는 정력과 강철같이 위대한 인격의 소유자인 로카마냐 발 강가다르 틸락 아래 모이게 되었다.

아마도 간디의 지력(知力)보다 더 예민하고 고매할는지도 모르는 그의 지력은 고대 동양 문화의 바탕 위에서 굳건하게 형성되었던 것이다.

그는 수학자였으며 조국을 위해 모든 개인적인 야망을 희생시켰다. 간디와 마찬가지로 개인적인 명예를 추구하지 않

---

2) 사티아그라하 운동은 1919년 2월 28일에 시작되었다고 할 수 있다.

았으며, 정치 분야에서 은퇴한 후 희망이며 이상(理想)인 과학 연구로 되돌아갈 것을 갈망했다.

그가 살아 있는 한 인도에선 왈가왈부할 여지가 없는 훌륭한 지도자였을 것이다. 그가 만약 1920년 무렵 예기치 않은 죽음을 당하지만 않았던들 어떠한 일이 일어났을지 아무도 단언할 수 없다. 틸락이 살아 있었더라면 방법과 정책에 관해서 그와 근본적으로 견해를 달리하긴 했으나 틸락의 천재성을 존경하던 간디가 종교적인 운동의 지도자로서 머물러 있었을 것은 의심할 여지가 없다.

이 두 사람의 위대한 지도 하에서라면 인도 국민은 찬란한 전진을 보았을 것이다. 그들은 저항할 수 없는 존재들이었다. 왜냐하면 틸락은 행동의 사도였고, 간디는 정신력의 사도였기 때문이다. 그러나 운명은 결정되어 버렸다. 틸락을 위해서뿐만 아니라 인도를 위해서, 그리고 간디를 위해서 슬픈 일이 아닐 수 없었다.

간디의 가장 깊은 소원은 소수의 지도자로서, 또 도덕적인 엘리트 지도자로서의 역할이었으므로 틸락이 살아 있었더라면 간디의 본질과 더욱 조화를 이루었을 것이다. 그는 기꺼이 틸락으로 하여금 대중을 통치하도록 했을 것이다.

간디는 다수에 대해서 어떤 믿음도 갖지 않았기 때문이다. 그러나 틸락은 다수에 의한 행동을 믿었다. 선천적인 수학자이며 행동의 주인공인 틸락은 수(數)를 믿었다. 그리고 그는 본질적으로 민주적인 정치가였으므로 종교적인 고려는 하지 않았던 것이다.

그는 정치란 사도(성자)들만을 위한 것이 아니라고 주장하였다. 이 근엄한 과학자는 애국을 위하여 진리를 희생시켰던 것이다.

그는 개인적인 생활에서도 티끌 하나 없이 순수했으며, 평소에도 바르고 정직한 인물이 정치를 해야 한다고 말하곤 하였다.

이런 틸락의 정치 개념과 모스크바 독재자의 정치 개념 사이에는 어느 면으로는 공통점이 있다고 보일는지 모르나 간디의 이상과는 같지 않았다. 그러므로 틸락과 간디의 여러 가지 토론은 그들의 견해에 얼마간의 차이점을 가져왔다.

성실한 두 인물 사이에, 그리고 그들의 방법과 신념 사이에는 근본적인 차이가 있었기 때문에 조화할 수 없는 반목이 도사리고 있었다. 그러나 두 인물은 서로 존경하고 사랑하였다.

어떤 쟁점(爭點)이 제기될 때 간디는 언제나 자유와 조국에 앞서 진리를 택해야 한다고 주장하는 데 비해 틸락은 그보다 조국을 택해야 한다고 주장했다. 간디에겐 아무리 조국에 대한 사랑이 위대하다 할지라도 그의 이상과 종교에 대한 신념보다 더 위대하지는 못했던 것이다.

간디는 1920년 8월 11일, 다음과 같이 말하였다.3)

"나는 인도와 결혼했다. 인도가 세계를 위한 사명을 가지고 있다고 확신하기 때문이다. 나의 종교는 지리적인 한계를 초월한다. 나는 인도 자신을 위한 사랑 속에서 생생한 신념을 갖고 있다."

이 고귀한 이상은 우리가 지금 기술하려고 하는 투쟁에 열쇠를 주는 것이다. 그들은 인도의 사도가 곧 세계의 사도라는 것을 증명하고, 또한 그는 우리의 한 사람임을 보여주었다.

마하트마가 4년 전에 싸우기 시작했던 투쟁은 바로 우리 인류의 투쟁인 것이다.4)

---

3) 1920년 8월 11일에 간디는 무력(武力)의 원칙에 반대하는 항의를 하였다.

4) 인간애는 하나다. 지구상에는 숱한 종족이 있다. 그러나 한 종족이 우월하면 할수록 그 종족의 의무도 더욱 무거워지는 것이다(≪윤리적 종교≫에서).

V

간디가 로왈라트 법령에 반대하는 지도자로서 정치 분야에 들어섰을 때, 오로지 국가를 폭력으로부터 구하려는 욕망으로만 행동했다는 사실을 주목하지 않을 수 없다.(1919년 11월 5일)

바야흐로 반란은 임박하고 있었다. 따라서 그는 그 사태를 피할 길이 없다는 사실을 깨달았다. 그러므로 반란을 비폭력의 수단으로 돌려야 한다는 신념을 더욱 굳혔다.

간디의 행동을 이해하기 위해서는 그의 교리(敎理)가 두 개의 다른 층 또는 등급으로 이루어진 하나의 거대한 건물과 같은 것임을 인식해야 할 것이다. 그 밑에는 확고한 기반과 종교의 기본적인 구축이 있다.

이러한 거창하고 흔들리지 않는 바탕은 뒤에 정치적·사회적 운동의 주춧돌이 되었다. 그것은 보이지 않는 기초의 이상적인 지속은 아니지만, 현재의 상황 아래 가능한 최대의 구조이다. 그 기초는 그 상황에 적응되었다.

다른 말로 표현하면, 간디는 선천적으로 종교적이고, 그의 교리 또한 본질적으로 종교적이다. 그는 필요에 의해서 정치적인 지도자가 되었다. 왜냐하면 다른 지도자들은 사라졌으며 그리고 환경의 압력은 그로 하여금 폭풍우 속에서 배를 인도하도록 강요했고, 실제로 정치적 표현을 하도록 강요했기 때문이다.

이러한 모든 발전은 흥미로운 것들이지만 그 대규모 건물의 근본적인 부분은 견고하고 깊게 잘 이루어졌으며 대사원의 가치를 위한 계획이 수행될 때까지 봉사할 수 있도록 짜여져 있었다.

이 거창하고 본질적인 바탕 속에 내포하고 있는 원리를 이해한다는 것은 매우 중요한 일이다. 그 속에서만 간디의 이상이 진실하게 표현됨을 알 수 있기 때문이다. 그가 매일 해야 할 과업을 수행하기 위해서 영감과 힘을 추구하여 가는 것은 이 바탕 속에 깊이 들어가기 위해서였다.

간디는 인도 국민의 종교인 힌두교를 신봉했다. 그러나 그는 경전을 정확하게 해석하는 학자도 아니고, 종교의 모든 전통을 무조건 수락하는 맹목적인 신봉자도 아니다. 다만 그의 종교가 그의 이성을 만족시키고 그의 양심의 명령에 상응해야만 하는 것이다.

"나는 종교적 광신자도 아니며 종교의 성스러운 이름 아래 사악함을 저주하지도 않을 것이다.

힌두교의 경전에 대한 나의 믿음은 모든 구절들을 성

스러운 것으로 받아들이도록 스스로에게 요구하지는 않는다. 그것이 아무리 해박하다고 할지라도, 만약 이성과 도덕적 감정에 모순 된다면 나는 어떤 해석에 의해서도 용납하지 않는다."(1921년 10월 6일)

그는 힌두교만이 유일한 종교라고 생각하지는 않았으며, 이 점은 매우 중요한 것이다.

"나는 《베다》의 신성(神聖)만이 유일한 것이라고 믿지는 않는다. 나는 《베다》처럼 신성을 얻을 수 있는 《성경》, 《코란》과 《젠드아베스타》(조로아스터교의 경전)도 믿는다.

힌두교는 사명적인 종교는 아니다. 그 속에는 세계의 모든 선지자(先知者)들을 숭배할 여지가 있다. 힌두교는 모든 사람들에게 그 자신의 믿음이나 다르마에 의하여 신을 숭배할 것을 말하고 있다. 그래서 모든 종교와 더불어 평화롭게 산다.1)

그는 수세기에 걸쳐서 종교 내부에 누적된 과오들과 사악

---

1) "모든 종교의 목적은 동일하다. 다만 그 목적에 도달하기 위한 방법이 다르게 보일 뿐이다."(《힌두 스와라지》에서)
　"모든 종교는 동일한 도덕적 법률을 기초로 하였다. 나의 윤리적 종교는 전 세계에 있는 인간을 결합하는 율법을 만드는 것이다."(《윤리적 종교》에서)

함을 보고 그들에게 낙인을 찍었다. 그러나 그는 다음과 같이 첨가하고 있다.

"나는 나의 아내에 대한 것 이상으로 힌두교에 대한 감정을 기술할 수는 없다. 나의 아내는 세계의 모든 여성들이 할 수 없는 힘으로 나를 움직이게 했다. 그녀에게는 아무 과오도 없다. 감히 말한다면 그녀는 내가 자신을 아는 것 이상으로 더 많은 것을 알고 있다고 주장한다. 그러나 거기에는 깨어질 수 없는 유대의 감정이 있다. 그렇다손 치더라도 나는 과오와 능력의 한계를 가진 힌두교에 대하여 감동하고 있다.

내가 안다고 말할 수 있는 힌두교의 단 두 권의 책, 즉 툴라시다스에 의한 기타의 찬송이나 라마야나의 서사시처럼 나를 의기양양하게 하는 것은 없다. 사악함이 오늘날 모든 위대한 힌두 사원 속에서 횡행하고 있음을 알고 있으나, 나는 그들의 과오에도 불구하고 그들을 사랑한다. 나는 철저한 개혁자이다. 그러나 나의 이 개혁에 대한 열망은 나로 하여금 힌두교의 본질적인 내용 중에서 결코 어떠한 것도 거부하도록 용납하지는 않는다."(1921년 10월 6일)

간디가 믿는 본질적인 것들이란 무엇인가? 1921년 10

월 6일에 쓴 글에서 간디는 힌두교에 대한 그의 개념을 다음과 같이 규정하였다.

1. 그의 말대로 그는 '≪베다≫, ≪우파니샤드≫, ≪푸라나스≫ 및 힌두교의 경전의 이름으로 움직이는 모든 것'을 믿는다. 그러므로 그는 아바타라스와 재생(再生)을 믿는다.

2. 그는 현세의 일반적이고 잔인한 의미에서가 아닌 엄격한 베다적인 것을 고려한 의미에서 바르나샤시라다르마2) 혹은 '카스트의 원리'를 믿는다.

3. 그는 대중적인 것이 아닌 보다 넓은 의미에서 소(牛)의 보호를 믿는다.

4. 그는 우상 숭배를 부정하지 않는다.

간디의 ≪신조≫를 읽다가 이 구절들 앞에서 읽기를 중단하는 서양의 모든 독자들은 동양인들이 서양인들과 정신적인 면에서 다르다는 것을 느끼고, 동양과 서양의 이상을 비교하기 위해서 시간과 공간을 제거하거나 공통적인 방법을 찾아낸다는 것이 불가능하다고 생각하기 쉽다. 그러나 만약 서양의 독자가 아래의 몇 구절을 더 읽어나간다면 그는 우

---

2) 언어학적으로 바르나는 색깔·계급 혹은 카스트이며, 아시라마는 규율의 장소이며, 다르마는 종교·사회이다. 다른 말로 표현하면 카스트의 원리이다.

리에게 보다 익숙한 이론을 표현하고 있는 다른 그 무엇을 발견하게 될 것이다.

"누구나 순진함(아힘사)·진리(사탸)와 자제(브라마차리아) 속에서 완전한 것을 획득하지 못했고, 모든 소유물과 부(富)의 소유를 포기하지 않는 샤스트라스를 어느 누구도 진실로 알지 못한 힌두교의 격언들을 나는 절대적으로 믿고 있다."

여기에 힌두 성인(聖人)의 명언과 사도들의 명언이 연결되고 있다. 간디는 그들의 유사성을 인식하였다. 1920년 어떤 서적이 가장 깊은 영향을 미쳤는가를 묻는 영국의 성직자에게 간디는 《신약성서》라고 대답하였던 것이다.[3]

간디의 《윤리적 종교》의 마지막 구절들은 《신약성서》[4]에서 인용한 것이며, 그는 무저항의 구현이 1893년 산상수훈(山上垂訓)(산 위에서 설교한 예수의 교훈으로 〈마태복음〉 5~7장에 기록되어 있다)을 읽은 후에 그에게 나타났던 것이라고 주장했다.

성직자가 놀라서 "힌두교의 경전에서 같은 명언을 발견하

---

3) 1920년 2월 25일 간디가 첨가한 《러스킨과 톨스토이》의 제2구절에서.

4) "너희는 먼저 하나님의 나라와 그의 의를 구하라. 그리하면 이 모든 것을 더하여 주실 것이다."(〈마태복음〉 6장 33절)

지 못하였다면?"하고 묻자 간디는 그가 사랑하고 존경하는
《바가바드 기타》 속에서 영감과 지도력을 발견하는 동안
에 무저항의 신비가 《신약성서》를 통해서 명백하게 나타
났다고 대답했다. 그는 그 계시(啓示)가 그에게 나타났을
때 커다란 기쁨이 마음속에 용솟음쳤으며, 《기타》가 이
계시를 확고히 하였을 때 또다시 말할 수 없는 희열에 사로
잡혔다고 말했다.5)

간디는 또한 하나님의 나라가 우리의 마음속에 있다고 하
는 톨스토이의 이상이 그 자신의 신념을 실제적인 주의를
형성하는 데 도움을 주었다고 술회하기도 했다.6)

이 동양의 구도자(求道者)는 러스킨7)과 플라토(B.C.

---

5) 1908년에 간디는 조셉 J.도크에게 "신은 다른 형태로 전 세대를
통해 구현되어 왔다"고 말했다. "종교가 부패의 나락으로 떨어지고
무신앙이 지배한다 하더라도, 나는 자신을 천명한다. 모든 선을 보
호하고, 모든 악을 물리치고, 다르마를 구축하기 위해서 나는 다시
태어나고, 영원히 존재할 것이다."=예수교는 간디 신학의 일부분이
다. 예수는 신의 빛나는 계시이다. 그러나 계시에만 불과한 것은 아
니다. 그는 홀로 왕좌에 군림하지 않는다.

6) 《힌드 스와라지》에는 간디가 그의 추종자들에게 추천했던 톨스
토이의 작품 중 약 60여 개의 목록이 수록되어 있다. 그 중에는 '하
나님의 나라는 우리의 마음에 있다', '예술이란 무엇인가?' 그리고
'우리는 무엇을 할 것인가?' 등이 있다.
그는 조셉 J. 도크에게, 톨스토이는 자기에게 깊은 영향을 미쳤
지만 그는 톨스토이의 정치적 이상에는 동의하지 않는다고 말했다.
1921년 톨스토이의 견해와 그에 대한 감정을 질문한 데 대해서 간
디는, "톨스토이와의 관계는 인생에 있어서 많은 힘을 입은 숭배자
에게 열중하는 것과 같은 것이다."라고 말했다.

427~347, 그리스의 철학자, 플라톤)의 작품8)을 번역하였고, 소로(1817~62, 미국의 시인이며 문명 비평가)를 인용하였으며, 마치니(1805~72, 이탈리아의 정치가)를 존경하였고, 에드워드 카펜터(1844~1922, 영국의 작가이며 사상가)의 작품을 읽었다. 다시 말하면 그는 서양 및 미국이 낳은 위대한 인물들과 친밀하였던 것이다.

간디가 서양의 위대한 인물들의 이상을 이해하는 것과 마찬가지로 서양인들이 간디의 이상을 이해하지 못할 이유는 없다. 사실상 그 두 구절을 피상적으로만 읽는다면 간디의 이상(理想)에 관한 단순한 문체가 서양인들을 놀라게 하고, 동양과 서양의 종교적 이상 간에는 거의 말할 수 없는 장벽이 가로막혀서 서양인의 정신 상태와 크나큰 차이가 있는 것처럼 보일 것이다.

이 구절 중 하나는 소(牛)의 보호에 관한 것이고, 다른 하나는 카스트 제도에 관한 것이다.

간디의 우상 숭배에 관한 참조에 대해서는 특별한 연구가 필요 없다. 간디는 우상들을 숭배하지는 않았지만 우상숭배는 인간 본연의 자세의 한 부분이라고 믿는다고 설명하였다.

---

7) 그는 러스킨의 ≪거친 올리브의 왕관≫을 특히 좋아했다.
8) 간디가 번역했던 ≪변명론과 소크라테스의 죽음≫은 1919년 인도 정부에 의해서 몰수 처분된 책들 중 하나이다.

그는 우상 숭배가 인간 정신의 취약함에서 유래한다고 생각하였다. 왜냐하면 우리들 인간은 '상징주의를 갈망하고' 있으며, 실제로 그것을 이해하기 위해 우리의 신앙을 형상화할 필요가 있기 때문이다.

간디가 우상 숭배를 불신하는 것은 아니라고 할 때 그는 서구의 모든 의식적(儀式的)인 교회에 있어서 우리가 지지하고 있는 것 이상을 의미하지는 않는다.

'소의 보호'는 힌두교의 주된 일이라고 간디는 말하고 있다. 그는 그것을 '인류 발전의 가장 진기한 현상'의 하나라고 생각했다. 왜냐하면 그에게 있어서 소는 완전한 '부인간(副人間) 세계'의 상징으로 여겨졌기 때문이다.

소의 보호는 인간이 말 못하는 형제와 연합하는 것을 의미한다. 그것은 인간과 동물 간의 우애(友愛)를 특징짓고 있다.

간디의 아름다운 표현에 따르면, 동물을 존경하고 숭배하는 것을 배움으로써 인간은 "그의 종족을 초월하며, 살아 있는 모든 생명체로서 그의 동일성의 실현을 향유하는 것이다."

만약 소가 다른 동물보다 우위(優位)에 선택되었다면, 그 이유는 소가 인도에서 풍부함을 제공해 주는 가장 좋은 동반자였기 때문일 것이다. 소는 단순히 우유를 공급할 뿐만 아니라, 농경을 가능하게 하였다. 그리고 간디는 이 '유순한 동물' 속에서 '연민의 시(詩)'를 보았다.

그러나 간디가 소를 숭배하는 데 있어 우상적인 요소는 없다. '신의 말 못하는 창조물에 대해서' 연민의 정을 기울임도 없이 '소의 숭배'를 지키는 소위 신자의 대다수가 서물숭배(庶物崇拜)라고 한 간디보다 더 과격하게 비난할 사람은 아무도 없다.

간디가 가지는 연민과 동료 감정의 정신을 이해하는 사람들은 누구나, 그들의 말 못하는 형제를 위한 감정을 느끼게 되며—그리고 누가 이 사실을 포베렐로 아시시보다 더 잘 이해할 것인가?—간디가 그의 신념 속에서 소의 보호를 그토록 강조하는 것은 놀랄 만한 일이 아니다.

이러한 관점에서 볼 때 그가, 소의 보호가 세계에 대한 힌두교의 선물이라고 말하는 것은 매우 정당하다. "네 이웃을 네 몸같이 사랑하라"는 사도(使徒)의 명언 에 대하여 간디는 덧붙여 "모든 생명체는 네 이웃이니라."고 하였다.9)

간디의 카스트 제도에 관한 믿음은 서구인의 정신으로는 이해하기 퍽 힘든 것이다. 그것은 거의 모든 생명체에 대한 동료애보다 더 이국적인 것 같다. 아마도 오늘날의 서구인의 정신에 대해서 말한다면, 아직도 우리 서구인은 어떤 평등성을 믿고 있다. 간디의 견해에 대한 필자의 설명이 서구

---

9) 소의 숭배에 관한 연설은 1920년 3월 16일, 6월 8일·29일, 8월 4일자와 1921년 5월 18일, 10월 6일자의 영 인디아 참조. 또한 1920년 12월 8일, 1921년 10월 6일자 카스트 제도 조목을 참조.

인들에게 카스트 제도를 이해시킬 수 있으리라곤 기대할 수 없지만, 필자는 그들에게 그렇게 하고자 애쓰지도 않는다. 그러나 필자는 카스트 제도에 대한 간디의 개념이 우리가 그 동안 알아 오던 것과는 다르다는 것을 분명히 밝혀 두고 싶다. 그것은 간디가 자만심이나 사회적인 우월성의 교만한 개념이 아닌 의무감에 근거를 두고 있기 때문이다.

"나는 전통의 법은 하나의 영원한 법이며, 그 전통을 변경하고자 하는 어떠한 기도(企圖)도 결국은 걷잡을 수 없는 혼란을 초래할 수밖에 없다고 생각한다. 바르나시라마 혹은 카스트 제도는 인류 본능에서 유래한 것이고, 힌두교는 단순히 그 제도를 과학적으로 축소시켰던 것이다."

간디는 네 개의 계급 제도, 즉 카스트 제도를 믿는다. 지적(知的)이고 정신적인 계급은 브라만, 국사적이고 관료적인 계급인 크샤트리아, 사업적이고 상업적인 계급인 바이샤, 그리고 수공업과 농업에 종사하는 수드라의 네 계급이다.

이 계급의 구별은 어떤 우월성이나 열등감을 포함하지 않는다. 그것은 단순히 상이한 휴가에 도움이 된다. "이 계급들은 의무를 규정하고 있으며, 그들은 결코 특권을 요구하지 않는다."10)

　"어떤 사람이 보다 높은 위치에 있다고 자만하거나, 혹은 다른 사람들을 낮은 위치로 할당한다는 것은 힌두교의 정수(精髓)에 위배되는 것이다. 모든 생명체는 신의 창조에 봉사하고자 태어났다. 즉 브라만은 그의 지식, 크샤트리아는 그의 보호 능력, 바이샤는 상업적 능력, 수드라는 육체적인 노동을 각각 제공한다.

　이 사실은 브라만이 육체적인 노동에서 분리된다는 뜻이 아니고, 그는 월등한 지식을 가진 사람으로서 그 지식을 숙련시켜 타인에게 적합하게 전달하는 전통을 지녔다는 것을 뜻한다.

　그리고 그들이 원하는 모든 지식 획득으로부터 또다시 수드라를 방해하는 것은 아무것도 없다. 다만 그는 육체로써 최선의 봉사를 다하고, 봉사를 위한 특별한 권능을 가진 타인을 시기할 필요도 없는 것이다.

　또한 지식의 권리를 가짐으로써 수드라보다 우월하다고 주장하는 브라만은 실패하며 지식을 갖지 못한다. 바르나시라마는 자제(自制)이고 경제와 정력의 항존(恒存)이다."

---

10) 이 구절은 ≪우파니샤드≫에서 연유한다. 왜냐하면 원시적인 계급들은 수세기의 과정을 거치는 동안 자만심을 갖는 카스트로 경화되었는데 이 힌두 경전들은 항의와 반대를 표시한다.

그러므로 간디의 카스트 제도는 '어떤 특권이 아닌 자제 (自制)'에 근거하고 있다. 더욱이 힌두교에 의하면 재생이란 계속적인 존재의 과정에서 브라만이 수드라가 되는 것처럼, 일반적인 균형이 다시 수립된다는 것을 잊어서는 안 된다.

동일한 신분의 다른 계급들을 다루고 있는 카스트 제도는 '불촉천민(不觸賤民)'에 대한 인도인의 태도와는 관계가 없다.

간디의 열정적인 호소, 즉 '압박받는 계급'인 불촉천민을 위한 해방 운동은 사도(使徒)로서 가장 진지한 것이었다. 그는 불촉천민 제도를 힌두교에 대한 치명상으로 간주했다. 그 제도는 실질적인 원리에서 나쁘게 변형되었고, 그는 그 제도 때문에 엄청난 고통을 당했다.

"나는 억압당하는 계급의 나의 형제들을 부인하는 것보다는 차라리 나의 육신이 갈가리 찢기는 것이 나을 것이다. 나는 다시 태어나고 싶지는 않으나, 만약 태어난다면 불촉천민으로 태어나 그들의 슬픔과 고통을 함께 나누고 싶으며, 그들을 비참한 상태에서 해방시키고자 노력할 것이다."

그리고 그는 어린 불촉천민의 소녀를 양녀로 삼았고, 7세밖에 안 된 귀여운 작은 장난꾸러기와 정에 넘친 대화를 나누었다.

VI

　나는 간디의 위대한 복음주의 정신이 힌두교의 신념 속에서 맥동(脈動)하였음을 충분히 설명했다. 간디는 보다 부드럽고 온화한 면에서 톨스토이와 같은 사람이었고, 과감하게 말한다면, 보다 기독교적인 감정을 가졌다고 할 수 있다. 왜냐하면 톨스토이는 원래 기독교인이라기보다는 의지의 힘에 의해서 기독교인이 되었기 때문이다.

　이 두 인물간의 비슷한 점은, 아마도 톨스토이의 영향이 강하게 작용했겠지만 유럽과 서구 문명에 대한 비판에 있어서 가장 위대하다는 점이다.

　루소 이래 우리 서구 문명은 유럽의 가장 자유스럽고 폭넓은 정신을 가진 인물들에 의해서 공격을 받아왔다.

　아시아가 아시아 자신의 힘을 실현하고 서구의 압력에 반대하는 폭동으로부터 깨우쳐 나가기 시작했을 때, 아시아는 소위 문명화된 침략자의 죄악에 대한 무서운 기록들을 모으기 위해서 서구 자체의 역사를 응시할 뿐이었다. 간디는 그렇게 하는 데 실패하지 않았다.

그는 ≪힌드 스와라지≫에서 영국인들이 쓴 유럽의 문명을 비판하는 많은 책들의 목록을 인용하였다. 그러나 항변할 수 없는 기록들은 유럽 자체가 피를 흘리는 경쟁 가운데 원칙에 정해진 미명 하에서 억압되고 약탈당했다. 무엇보다 지난 제1차 세계대전 기간 동안 유럽의 뻔뻔스런 위선자의 모습에서 볼 수 있었던 탐욕과 잔인성은 「문명을 위한 전쟁」이라고 일컬었던 점에서 더욱 노출되었다.

그러한 상황 속에서 유럽은 아프리카와 아시아인들까지 초대하여 유럽의 나체상을 감상하도록 하는 깊은 정신 이상 상태에까지 빠져들었다. 그들은 유럽을 보았고 유럽을 비판하였던 것이다.

「제1차 세계대전은 오늘날 유럽을 지배하고 있는 문명의 사탄(Satan)적인 본질밖에 없다는 것을 보여 주었다.[1] 공중도덕은 미덕이라는 명칭 아래 승리자 의 손에 의해 파괴되었다. 부정이 너무 우세했으므로 거짓은 고려되지도 않았으며, 모든 죄악의 배후에 있는 동기는 종교적이거나 정신적인 것이 아니고 대체로 물질적인 것에 연유했다.

유럽은 오늘날 명목상으로만 기독교인이다. 실제로 유럽은 금전만을 숭배하고 있다.」(1920년 9월 8일)

---

1) 간디가 자주 사용한 말 중에 「불족천민이라 함은 사탄이 발명한 것이다.」란 구절이 있다.(1921년 6월 19일)

　지난 5년 동안 인도와 일본에서 이와 같은 비평이 계속되었던 까닭을 알게 될 것이다.

　지도자들은 그들의 마음 속 깊은 곳에 신념이 있다는 것을 그들의 태도에 의해서 공개적으로 나타내는 데 너무도 신중하였다. 이것은 적어도 1918년의 막대한 희생을 치른 후에 얻은 승리의 파괴적인 결과는 아니었다.

　그러나 간디는 1914년 이전에 서구 문명의 진정한 면을 관찰하였다. 남아프리카에서 20년간의 활동 기간 중에 그 모습은 적나라하게 나타났었고, 1908년 그의 저서 ≪힌드 스와라지≫에서 그는 근대 문명을 「위대한 악」이라고 불렀던 것이다.

　간디는 문명이라고 하는 것이 다만 이름만의 문명일 뿐이라고 했다. 실제로 그것은 고대의 힌두교가 암흑시대라고 부르는 바의 것과 상응하는 것이다.

　그 문명은 인생에 있어서 유일한 목적으로 물질적인 번영만을 중시했을 뿐이다. 그 문명은 정신적인 가치를 경멸한다. 또 유럽인을 미치게 하였을 뿐이며 그들에게 금전만을 숭배하도록 하였고 인간 내부에 있는 평화를 발견하고 최선의 것을 개발하는 것을 금했다.

　서구적인 의미의 문명은 약자와 노동층에게는 지옥을 의미한다. 그 사탄적인 문명은 종족의 활기를 약화시켜 그 스스로가 파괴될 것이다. 서구문명은 개인적으로는 나쁘지 않지만 단순히 그들 스스로가 만든 문명 때문에 고통을 받는 영국인보다 더욱 인도의 진정한 적이다.

간디는 유럽인의 수준에 의거해서 영어를 사용하여 인도를 발전시키며 문명화하려는 동료들을 비난했다. 그는 이 현상을 호랑이는 없으면서도 호랑이의 본질을 가진 것과 같다고 말했다. 인도의 목적은 서양의 문명을 거부해야만 하는 것이다.

서구 문명에 대한 비난에서 간디는 특히 인간을 치안관·의사·교사의 세 가지 부류로 규정하고 있다.

간디가 교사를 반대하는 이유는 그들이 인도인을 모멸적으로 육성하고 모국어를 무시하거나, 그들이 진정한 영감을 소유하지 못했기 때문이었다.

실제로 인도의 교사들은 그들의 지시에 따라서 학생들에게 일종의 민족적 타락의 길을 열어 주었던 것이다. 그뿐만 아니라 서구의 교사들은 오직 두뇌에만 호소하고 감정과 인격의 교육은 무시하였다. 결국 그들은 육체적인 노동을 비난하며, 인구의 80퍼센트가 농업에 종사하고 상업적인 10퍼센트는 적극적으로 범죄적인 성향을 띠고 있는 나라에서 순수한 문학 교육만을 보급시켰다.

치안관이란 직업은 부도덕한 것이다. 인도에 있어서의 법원이란 영국인 통치 도구이다. 그들은 인도인 사이에 불화를 조성하고 일반적인 방법으로 그들에게 오해와 격심한 증오를 유발시키고 증가시켰다. 그들은 가장 더러운 본능을 살찌게 하는, 착취를 위한 편을 들어 주었다.

간디는 의술에 대해서 처음에는 매력을 느꼈다고 시인하지만, 곧 그것이 명예스러운 것이 못 된다는 것을 인식하였다. 서구의 의학은 앓고 있는 육체에 대해 고통을 덜어 주는 데만 주력한다. 법으로 질병과 고통의 원인을 제거하지 않는 것은 악이라고 할 수밖에 없다.

실제로 서구의 의학은 적어도 가능한 위험에서 인간에게 만족스러운 정열과 식욕을 가능하게 함으로써 결과적으로 악을 조장하는 것이라고 말할 수도 있다. 그러므로 그것은 사람들을 도덕적으로 타락하도록 하는 데 기여한다.

그것은 육체와 정신을 위한 규율 있는 법칙에 의해서 사람들의 인격을 강화시키는 대신 「요술적인 처방」에 의해서 인간의 병을 고치도록 도움으로써 사람들의 의지력을 약화시키는 것이다.[2]

간디는 서구의 잘못된 의학에 대하여 반대했고 따라서 예방 의학을 찬양했다. 그는 20년간의 경험의 열매인 ≪건강을 위한 지침≫이라는 소책자를 썼다. 그것은 치료에 관한 논설인 동시에 도덕이었다. 왜냐하면 간디에 의하면 「질병이라는 것은 우리 행동의 결과와 마찬가지로 우리 생각의

---

2) 간디가 서양 의학에 반대하는 주요한 논거의 하나는 「인간의 가장 사악한 죄악」이라고 단정한 생체 해부에 관한 것이다.

결과」이기 때문이다.

따라서 그는 질병을 방지하려는 확실한 규율을 세운다는 것은 비교적 쉬운 문제라고 생각했다. 모든 질병은 동일한 기원, 즉 건강의 자연적 법칙을 무시하는 데서 발생하기 때문이다.

육체는 신(神)이 거주하는 곳이다. 육체는 반드시 순수하게 지켜져야 한다. 간디의 견해에 진실은 있으나, 그는 실제로 유용하다고 증명된 치유의 효력을 인정하기를 너무나 완고하게 거부했다. 그의 도덕적 교훈도 또한 극단적으로 엄격했다.3)

---

3) 특별히 성적(性的) 문제에 관련하여 간디의 주의는 엄격함에 있어서 성(聖) 바울과 유사하다.

VII

　그러나 근대 문명의 핵심, 즉 심장부는 말하자면 기계적인 것이다. 강철의 시대! 강철 같은 심장! 기계는 하나의 거대한 우상으로 변하고 있다. 이러한 것들은 반드시 폐지되어야만 한다.

　간디가 가장 열망하는 소원은 기계를 인도에서 없애버리는 것이다. 자유스러운 인도가 영국의 기계를 유산으로 받는다는 것은 영국 시장에 대한 인도의 예속을 뜻한다. 인도에다 맨체스터의 공장들을 세우는 것보다는 맨체스터에서 생산된 물건들을 사는 것이 훨씬 나을 것이다. 인도의 자본가는 유럽의 자본가보다 별로 나은 것이 없다.

　기계는 국가들을 노예화하는 무서운 죄악이고 금전은 성적(性的)인 사악만큼이나 독(毒) 있는 요소이다.

　그러나 근대 사상을 받아들인 인도의 진보주의자들은, 인도가 철도나 전차 또는 산업을 가지고 있지 않다면 인도는 어떻게 될 것인가라고 묻는다. 이에 대해서 간디는, 그 기계들이 발명되기 이전에 인도는 존재하지 않았던 가라고 묻는다.

수천 년 동안 인도는 홀로 모든 국가들에 대해서 확고하게 움직이는 물결로서 저항해 왔던 것이다. 그 밖에 모든 것이 사라져 갔다. 그러나 수천 년 전에 인도는 자제하는 방법을 배웠고 행복의 과학을 터득하였던 것이다.

인도는 다른 국가들로부터 배울 것이 없다.

인도는 큰 도시의 기계를 필요로 하지 않는다. 인도에 있어서 고대의 번영은 농기구와 물레, 그리고 인도 철학의 지혜에 근거를 두고 있었던 것이다.

인도는 반드시 그 고대 문화의 원천으로 되돌아가야 한다. 물론 즉시가 아니고 점차로 행해져야 한다. 그리고 모든 사람은 그 발전에 조력해야 한다.(≪힌드 스와라지≫)

이것이 간디의 기본적인 논리이다. 그것은 대단히 중요하며, 따라서 토론할 필요가 있다. 왜냐하면 그것은 진보와 도덕적으로 유럽의 과학적 업적에 대한 부정을 옹호하는 것이기 때문이다.[1]

---

1) 간디가 유럽의 과학에 대해서 동의하지 않는다 해도 그는 과학의 업적에 대한 필요성을 인식하고 있다. 그는 유럽 과학자들의 비영리적인 열성과 자기희생의 정신을 존경하고, 자주 그들의 포기 정신은 힌두교 신봉자들의 것보다 위대하다고 환기하였다.

그러나 그는 과학자의 마음 상태는 존경했지만 그들이 추구하는 목적에는 동의하지 않았다. 간디와 유럽의 과학 사이에는 명백한 적의(敵意)가 있다. 그리고 이와 관련하여 후에 타고르가 간디의 중세주의에 대해서 어떻게 항의하는가를 보게 될 것이다.

그러므로 이 중세적인 개념은 인간 정신의 폭발적인 전진 자세와 부딪치기 쉬우며 상처를 받는 위험을 초래하는 것이다. 그러나 무엇보다 어떤 과정에서의『인간의 마음의 전진 자세』를 말한다는 것은 보다 현명한 것인지도 모른다. 왜? 내가 믿고 있듯이 어떤 사람이 우주적인 정신의 조화와 통일을 믿는다면, 그 사람은 그것이 각자가 자기의 맡은 부분을 노래함으로써 수많은 다른 음성들과 조화된다는 것을 인식해야만 하기 때문이다.

스스로의 득점에 도취된 서양의 젊은이들은 그것을 항상 노래로 이끌지 못했으며. 그 진보의 법칙이 몰락과 재타락에 예속되지 않는다는 것을 충분히 인식하지 못하는 것이다.

인간 문명의 역사는 실제로 인간의 문명에 의한 역사이고, 각 문명의 지배 내에서 어떤 발전으로 분간할 수 있고, 그 발전은 불규칙적이고 혼란스러우며 때때로 완전히 중지당한다는 것을 충분히 인식하지 못한다.

한 위대한 문명이 다른 문명을 지배한다는 것은 필연적으로 일반적인 인간 발전을 포함한다고 말하는 것은 과오일 것이다.

그러나 유럽인의 진보에 대한 도그머에 관해서 토론하지 않고, 또 이 도그머 자체가 간디의 신념과 투쟁한다는 생각을 염두에 두지 않고라도, 어떠한 위협도 간디의 신념을 약화시킬 수 없다는 사실을 우리는 인식해야만 한다. 그 밖에 어떤 것에 대한 믿음은 동양인의 업적에 대한 전적인 부인을 보여주는 것이다. 고비노가 말한 것처럼『동양인은 모든 면에서 우리 서양인보다 더 끈질기다. 동양인은 필요하다면 그들의 이상이 실현될 때까지 수세기 동안 기다린다. 그리고 그것이 아주 오랜 휴지(休止) 기간을 보낸 후 승리에 올라설 때라도 활력이 퇴화되거나 없어져 버린 것처럼 보이지 않는다.』수세기라는 것은 인도인에게는 아무 의미도 없다.

간디는 연내에 대의의 승리를 준비하였다. 그러나 그도 마찬가지로 수세기의 과정 내에서 그것을 준비했던 것이다.

그는 시간을 재촉하지 않았다. 그리고 만약 시간을 서서히 또는 조급하게 서두르기를 원한다면 그는 보조(步調)에 의해서 걸음걸이를 조절했다.

그러므로 그 운동 과정에서 간디는 인도가 그의 급진적인 개혁을 이해하고 실행할 준비가 충분하지 못하다는 것을 알게 되면, 자신의 주의를 인도의 상황에 적응시킬 태세까지도 갖추고 있었다. 그는 적당한 시기를 기다렸다. 그것은 1921년 기계가 적(敵)이라고 선언했을 때 그것이 놀랄 만한 것이 못 되는 이유도 된다.

"나는 기계가 사라지는 것에 대해서 슬퍼하지 않으며, 이 사실이 불행이라고 생각지도 않는다. 그러나 당분간

나는 이러한 기계에 대한 계획을 갖지 않는다.”(1921년 1월 19일)

“완전한 사랑의 법칙은 나의 존재의 율법이다. 그러나 나는 이 궁극적인 법을 내가 창도하는 정치적인 방법을 통하여 설교하고자 하지는 않는다. 그와 같은 어떤 기도(企圖)도 실패로 이끈다는 것을 나는 알고 있다. 즉시 전체 대중에게 이 율법에 복종할 것을 강요하는 것은 그 법의 용도를 알지 못하는 것이다.(1920년 3월 9일) 나는 환상을 좇는 사람이 아니며 실제적인 이상가(理想家)임을 주장한다.”(1920년 8월 11일)

간디는 사람들에게 그들이 줄 수 있는 것 이상은 결코 요구하지 않았다. 그러나 그들이 줄 수 있는 모든 것을 요구했다. 그리고 이것은 수많은 위력, 영구적인 힘과 그것의 심오한 정신을 통해서 이루어진 무서운 국가, 즉 인도와 같은 나라에 더욱 많이 존재하는 것이다.

원래 간디와 인도는 동체(同體)이었다. 그들은 말없이 서로를 이해했다. 간디는 인도에 대해서 무엇을 요구할 것인가를 알고 있었으며, 인도는 간디가 요구하는 것이면 무엇이든지 제공할 준비를 갖추고 있었다.

간디와 인도 사이에는 무엇보다 목적, 즉 국가를 위한 스와라지와 규칙을 위한 절대적인 협의가 지배했던 것이다.[2]

그는 말하기를, 『스와라지는 국가의 목표이지 비폭력의 목표는 아니라는 것을 나는 안다』고 하였다.

그리고 그는 입술을 깨물면서 첨가하기를, 『나는 인도가 외국의 압제자에게 노예처럼 쇠사슬에 묶여 있는 것보다는 차라리 폭력에 의해서라도 자유로워지는 것을 택하고 싶다』고 하였다.

그러나 그는 즉시 자신을 시정하면서, 폭력은 결코 인도를 자유롭게 할 수 없으므로 이것은 불가능한 일이라고 말을 계속했다. 스와라지(自治)는 오직 정신력에 의해서만 이룩할 수 있다. 이것만이 인도의 진정한 무기이며 정복할 수 없는 사랑과 진리의 무기이다.

간디는 그것을 사탸그라하라는 용어로 표현했으며, 사탸그라하를 진리의 힘과 사랑의 힘으로 규정지었다.3)

간디의 천재성은 이 복음의 설교에 의해 그가 국민들에게 진실한 본연성과 그들의 숨은 힘을 보여줄 때에 나타났다.

---

2) 언어학상 「스와」는 자신을 의미한다. 「라지」는 정부, 자치를 의미한다. 어원은 「베다」처럼 오래된 것이지만 이 단어는 간디의 파르시이 스승인 다다바이가 채택하였으며 그는 그 단어를 정치 용어의 일부로 만들었다.

3) 언어학상 「사탸」는 바른 정의를 뜻하고, 「그라하」는 기도, 노력을 뜻하므로 사탸그라하는 그 뜻대로 하면 정당한 노력, 부정을 수락하지 않거나 혹은 부정에 저항하는 것을 말한다. 간디는 그 용어를 1919년 11월 5일, 「진리를 장악하는 것」으로 규정하였다. 그리고 그가 덧붙이기를 『사랑의 힘 혹은 정신의 힘』으로서 규정하였다.

간디는 사탸그라하란 단어를 남아프리카에서 그의 이상과 무저항주의의 차이점을 설명하고자 사용하였다.

이 두 운동의 차이점은 특별히 강조되어야만 하는 것이다. 간디의 운동을 소극적인 저항 운동이라고 부르는 것은 가장 그릇된 일이다. 어느 누구도 저항하는 인간이 가장 영웅적으로 구현된 이 지칠 줄 모르는 투쟁자보다 더 위대한 저항의 전율을 가진 사람은 없을 것이다.

그의 운동의 정신은 적극적인 저항—폭력에서가 아니라 사랑과 신념과 희생의 적극적인 위력 속에서 출구를 찾는 저항이다. 이 세 가지 정력들이 사탸그라하란 단어 속에 표현되어 있다.

간디의 깃발 아래서는 비겁자도 그의 비겁함을 숨기려 하지 않았을 것이다. 간디는 비겁자를 집단에서 추방했다. 비겁한 것보다는 차라리 폭력이 더 낫다고 여겼기 때문이다.

"비겁과 폭력 중 하나를 택해야 할 입장이라면 나는 폭력을 권한다.(1920년 8월 11일) 나는 남을 죽이지 않고 죽는 조용한 용기를 양성하는 것이다. 그러나 이러한 용기를 갖지 못하는 자에게 위험에서 수치스럽게 도망가는 것보다는 죽이거나 살해당할 것을 충고하고자 한다.

도망가는 자는 정신적인 폭력을 범하는 것이다. 그가 죽일 수 있을 때 그는 죽음을 당할 용기조차 갖고 있지

않기 때문에 도망가는 것이다.(1921년 10월 20일)

나는 종족을 약화시키는 것보다 천 번의 폭력이라도 무릅쓸 것이다.(1920년 8월 4일)

나는 인도가 비겁한 방법으로 인도의 불명예에 대하여 아무것도 할 수 없는 희생물이 되거나 머무르려는 것보다는 인도의 명예를 위하여 무기를 들 것을 호소한다.[4]

그러나 나는 비폭력이 폭력보다 한없이 더 우월하며 용서는 처벌보다 남성적인 행동이라 믿는다. 용서는 한 병사에게 명예를 더해준다. 절제는 처벌할 힘이 있을 때에만 용서하는 것이며 그것이 무능한 인간에게서 계속되는 것처럼 보일 때에 무의미하다. 나는 인도가 무기력하다고는 믿지 않는다. 백만 명의 영국인이 3억의 인류를 위협할 필요는 없다고 생각한다."

그 밖에도,

"힘은 육체적인 능력에서 나오는 것이 아니다. 그것은 굴하지 않는 의지에서 나온다. 비폭력이란 악을 행하는

---

4) 1920년 8월 11일 간디가 창설한 학교인 사탸그라하 아시람의 규칙의 하나는 공포의 부재(不在)인 것이다. 이 정신이야말로 제왕들·국가들·카아스트들·가족들·인간들과 야수들이 죽음에서 자유로워지는 것이다.

　그것은 또한 ≪힌드 스와라지≫에 있어서 비폭력 저항의 제4조항이다. 그 밖에 다른 것은 자선·빈곤과 진리들이다.

자의 의지에 유순하게 복종하는 것이 아니고, 폭군의 의지에 반대하는 데 그의 전 정신을 쏟는 것이다. 우리의 존재가 이 법칙 하에 일하는 것은 한 개인을 위해서 불의의 제국의 전 권력에 반대하는 것이고, 동제국의 몰락을 위한 기초를 마련하는 것이 가능하다."

그러나 위대한 법칙은 고통에 대하여 어떠한 대가를 지불하는가?

"고통이란 인간의 특징이다. 그것은 영원한 법칙이다.(1920년 6월 16일) 어머니가 고통을 당함으로써 자식이 살 수 있다.

생명은 죽음에서 나온다. 밀이 자라나기 위한 조건은 씨알이 없어져야 하는 것과 같다.

고통의 물결을 통하여 순수하게 정화됨이 없이 일어서는 국가란 없다.

우리 존재에게 절대 필요한 상태인 고통의 법칙을 제거한다는 것은 불가능하다. 발전이란 수없는 고통 속에서 행하여진다. 고통당하는 자가 순수해질수록 발전은 더 위대하다.(1920년 8월 11일).

웅장한 상태에서의 비폭력은 의식적인 고통을 의미한다. 나는 과감하게 인도 앞에 스스로를 희생하는 고대의 법칙인 고통의 법칙을 내놓고자 한다.

폭력의 와중에서 비폭력의 법칙을 발견했던 성자(聖者)들은 뉴턴보다 위대한 천재였고 웰링턴보다 위대한 장군들이었다.

무기의 사용을 알게 된 후 그들은 그 무기의 무용함을 인식했고 지쳐버린 세계를 구원하는 것은 무력을 통해서가 아니라 비폭력에 의해서만 이루어진다는 것을 가르쳤다.

비폭력의 종교는 단순히 성자들과 사도들을 위한 것은 아니다. 그 종교는 일반 민중에게도 마찬가지로 중요한 종교이다. 폭력이 잔인한 자의 율법인 것처럼 비폭력은 우리 종족의 법칙이다.

인간의 위험은 보다 높고 고귀한 법률, 즉 정신의 위력에 복종을 요구하는 것이다. 나는 인도가 나의 위력과 힘을 의식하면서 비폭력을 실행할 것을 원한다. 나는 인도가 파멸할 수 없는 정신과 모든 육체적인 유약성을 극복하고 승리할 수 있으며 전 세계의 물질적인 결합에 반항할 수 있는 정신을 가질 것을 원한다."(1921년 4월 6일)

자만심을 높이면서 그의 인도에 대한 자부심을 가진 사랑은, 인도가 폭력을 무가치한 것이라고 비난하고 자기희생의 할 준비를 할 것을 요구하는 것이다.

비폭력은 인도의 고귀한 호칭이다. 만약 인도가 그것을 거부할 때 인도는 멸망할 것이며, 간디는 그러한 사상에 참을 수 없었을 것이다.

"만약 인도가 그의 신념을 폭력으로 이룬다면 나는 인도에서 살지 않을 것이다. 인도는 나에게 있는 모든 자긍심을 빼앗아갈 것이다.

나의 애국주의는 나의 종교에 복종하는 일이다. 나는 어린애가 어머니의 가슴에 매달리는 것처럼 인도에 매달리는 것이다. 인도는 나에게 필요한 정신적인 양식을 주었기 때문이다.

만약 인도가 나를 실망시킨다면 지도해 줄 사람을 발견할 수 있다는 희망을 잃어버린 고아와 같이 느낄 것이다. 그러므로 히말라야 산맥의 눈은 나의 슬픈 영혼에 휴식을 주어야 한다……"5)

---

5) 투옥되기 몇 개월 전에 그는 그의 행위를 「비논리적」이라고 비난한 데 대해서 대답하였다. 그를 비난하는 목표는 그가 남아프리카에서, 그리고 세계 대전 중에 진력했던 협조를 조롱하는 것이다.

간디는 그 비평에 대한 대답을 피하려고 하지 않았다. 영제국의 시민이었음을 정직하게 믿는다고 말한 것이었다. 정부를 심판하는 것이 자기의 직책은 아니었다. 모든 사람이 정부를 비난하는 데 있어서 그것을 정당한 것으로 생각한다는 것은 옳지 못하다고 생각했다. 그는 가능한 한 영국의 지혜·충성에 확신을 가졌다.

정부의 부당한 행위가 그의 신념을 파괴해 버렸던 것이다. 정부가 하는 일에 책임을 지자.(1921년 11월 17일)

VIII

　그러나 간디는 인도의 인내성을 의심하지 않았다. 그는 이미 1918년 농민 폭동 기간 중의 실험으로 그 효과를 확신한 후인 1919년 2월 사탸그라하 운동을 시작하기로 결정했다.

　그 운동은 아직까지 전혀 정치성을 띤 운동은 아니었다. 간디는 아직도 충성스러운 사람이었다. 그가 영국의 충성 속에 한 줄기 신념이라도 간직하고 있는 한 그는 충성스러운 사람으로 남아 있다. 1920년 1월까지 심지어는 민족주의자들이 그를 신랄하게 비난하였을 때에도 그는 영제국과의 협조를 주장했던 것이다.(1921년 4월 6일)

　간디의 논거는 그의 진지한 신념에 의해서 영감을 받았고 정부에 반대하는 운동을 시작한 첫 해에 그는 사탸그라하를 따르는 자들이 헌법의 가장 충실한 지지자임을 헌터 경(卿)에게 진심으로 확신시켰다. 정부의 편협한 완고성은 마침내 그가 충성의 계약을 파기하는 인도의 도덕적 지침을 강요했던 것이다.

그러므로 최초의 사탸그라하 운동은 정부에 합헌적인 반대를 하는 형태를 취하였다. 그것은 긴급한 개혁을 위한 존경할 만한 호소인 것이다.

정부는 부정한 법률을 통과시키는 과오를 범하는 것이며 법률을 지키는 사람들인 사탸그라하 운동자는 의식적으로 이 법률에 불복종하게 될 것이다.

만약 그들의 태도가 법률을 폐지해야 할 필요성을 정부에 확신시키지 못한다면 그들은 다른 모든 법률에도 그들의 불복종을 확대시키고자 할 것이며 결국 그들은 정부와의 모든 협력을 중지할 수도 있는 것이다.

그러나 그 말에 대해서는 서양과 인도에서 해석하는 의미가 너무나 다르다. 그 안에 포함되어 있는 내용과 함께 얼마나 휘황찬란한 종교적인 영웅주의가 내포되어 있는가.

사탸그라하 운동자들이 그들의 대의를 전진시킴에 있어서 폭력 사용을 금지한 이래(폭력이 결코 어떤 신념을 동반하지 못하는 동안 어떤 사람에게는 진리인 것처럼 또 다른 사람에게는 진리가 아닌 것처럼 보이므로 적에게도 역시 진지해야 한다는 견해)[1] 그들은 오직 신념에서 우러나오는 사랑의 힘에만 의지하고 고통과 희생을 기꺼이 수락하여 자진해서 행하는 것이다.[2]

---

1) 반대로 폭력은 폭력을 사용하는 자들을 멸망시키는 것이다. 연합군의 폭력은 전쟁의 시초(1920년 6월 9일)에서 그들 스스로의 행동을 강탈했고 독일인들에게 향한 것처럼 만들었다.

이것은 저항할 수 없는 포교(布教)를 이룬다. 그것으로써 예수의 십자가와 그의 신도들은 로마 제국을 정복하였던 것이다.

정의와 자유의 영원한 이상을 구현코자 그들 자신을 희생함에 있어서 국민들의 자발적인 행동의 종교적인 성격화에 역점을 두고 마하트마는 1919년 4월 6일을 시발점으로 하여(1919년 3월 23일) 기도와 단식의 날로 정하고 또한 인도 전역에 하르탈을 실시하도록 하는 운동을 시작했다.[3] 이것이 그의 최초의 조처였다.

이 조처는 국민의 마음속에 적중하였고 그들의 마음 속 가장 깊은 양심을 뒤흔들어 놓았다. 처음으로 모든 계층을 망라한 인도의 전 국민이 동일한 이상 속에서 단결하였다. 인도는 자신을 발견하였던 것이다.

질서는 어디에서나 지켜졌으며 델리에서만 소수의 혼란이 있었을 뿐이다.[4] 간디는 그들을 진정시켰다. 정부는 그

---

2) 가장 단단한 섬유도 사랑의 불꽃 속에서는 녹아버릴 수밖에 없다. 만약 그것이 용해되지 않는다면 그 불꽃이 충분히 강렬하지 못하기 때문이다.(1920년 3월 9일) 사탸그라하 운동에 참가하는 자들은 진리의 길을 추구하고 적들의 생명·재산에 대항하여 모든 폭력을 사용하지 않으며, 사탸그라하 위원회가 부당하다고 선언한 법률에 대하여 불복종할 것을 약속하였다.

3) 마호멧의 기원은 힌두어로 「일의 중지」를 의미한다.

4) 델리는 우연히도 하르탈(전면 철시)의 날짜를 잘못 알고 3월 30일에 하르탈을 선언하였던 것이다.

를 체포하여 봄베이로 압송했다. 그를 체포하였다는 소식은 펀잡 주에 폭동을 야기시켰다. 엄리처에서는 몇 집이 털렸고 여러 사람들이 살해당했다. 4월 11일 밤에 다이어 장군은 그의 군대로 엄리처를 점령했다. 훈령이 전역을 지배했다.

4월 15일은 힌두교의 거대한 축제일이었다. 그 축제는 잘리안왈라바그의 야외에서 거행되었다. 군중들은 평화적이었고 수많은 부녀자들로 넘쳤다.

그 전날 밤에 다이어 장군은 공공 회합을 금지하는 명령을 내렸지만 어느 누구도 그 명령에 귀를 기울이지 않았다. 따라서 다이어 장군과 그 휘하 장병들은 잘리안왈라바그에서 무방비 상태의 군중들에게 경고도 없이 총탄을 무자비하게 퍼부어 탄환이 완전히 없어질 때까지 약 10분간 계속 사격을 가했다.

야외의 빈터는 높은 벽으로 둘러싸였으므로 단 한 사람도 도망칠 수가 없었다. 5백 명 내지 6백 명의 인도인들이 살해되었고 그보다 많은 사람들이 중상을 입게 되었다.

누구 한 사람도 사상자들을 돌볼 수 없었다. 대학살의 결과로 마침내 계엄령이 선포되었고 공포의 분위기가 펀잡 주 전역으로 확대되어 갔다.

비행기를 비무장한 군중들에게 폭탄을 투하했다. 가장 훌륭한 시민들을 법정으로 연행하였고 그들이 겨우 무릎으로

길 때까지 채찍질과 폭행을 가했으며, 가장 충격적인 모욕을 주었다. 마치 광포한 질풍이 영국의 통치자들을 휩쓰는 것처럼 보였다. 인도가 선언했던 비폭력의 이상은 서구의 폭력을 격앙케 했던 것처럼 보인다.

간디는 고통과 유혈이 계속되리라고 예시하였다. 그러나 그는 국민에게 비무력적인 방법으로써 승리로 이끌어갈 것이라고 약속하지 않았다.

그는 국민에게 우리의 도정은 유혈과 함께 씻어질 것이라고 경고했다. 잘리안왈라바그의 사태는 시작에 불과할 뿐이었다.

"우리는 타국가의 억압을 받지 않게 될 것이라는 연상을 세계가 터득할 때까지 침착하게, 수천 명의 선량한 남녀들이 살해될 뿐만 아니라 수십만 명까지도 희생될 각오를 해야 한다. 이리하여 용기를 잃고 일상의 생활에서 죽는 것보다 대의를 위하여 희생할 희망을 가지는 것이 바람직하다." (1920년 4월 7일)

엄격한 계엄령 하의 검열 제도 때문에 편잡 주에서 일어난 공포의 참상이 수개월 동안 외부에 전해지지 못했다. 그러나 그 소식이 세상에 알려졌을 때5) 분노의 물결은 전 인

---

5) 간디는 일반적인 혁명 지도자로서 흥분을 고양시키려는 노력 대신

도를 휩쓸었고 심지어는 영국의 여론도 놀라게 되었다. 결국 조사단이 구성되었고 헌터 경이 조사 위원회를 이끌었다.

그 동안 국민회의파는 독자적으로 그 참상을 조사하기 위해 소위원회를 구성하였지만 정부와 동일한 조사선만 행해졌었다. 죄가 있는 자들을 벌한다는 것은 모든 영국의 지식인들이 인식하고 있었으므로 엄리처의 학살은 정부의 명백한 관심사가 되었다.

간디는 처벌을 강력하게 요구하지 않았다. 그는 다이어 장군과 죄 있는 장교들의 처벌을 요구하지는 않았다. 그들을 맹렬히 비난하면서도 그렇게 격앙된 감정을 품지 않았고 복수하려고도 하지 않았다.

누구나 미친 사람에게 적의를 가질 수는 없다. 따라서 그는 어떠한 손상을 가하면서까지 다이어 장군을 평가하려 하지 않았으며 그의 소환만을 요구했다.

그러나 조사 결과를 발표하기 전에 정부는 공공 관저를 보호하고자 형벌 면제 법안을 통과시켰다. 다이어 장군은 직위 해제 되었지만 개인 재단들이 기부한 엄청난 돈을 보상받았다.

편잡 주에서 참사가 벌어진 후 인도는 전국적으로 흥분의

그 흥분을 가라앉히려고 노력하였고 4월 18일, 그 운동을 중지했다.

소용돌이 속에서 제2차 투쟁이 정부와 피지배자 사이에 일어났으며 그것은 이전 사건보다 심각했다.

왜냐하면 그것은 숭고한 약속에 대한 불이행을 포함하고 있었기 때문이었다. 정부의 태도는 아직도 지배자에 대한 인도인의 호의를 산산조각 내버려 거대한 폭풍으로 이끌었던 것이다.

유럽 전쟁(제1차 세계대전)은 인도 회교도들을 아주 고통스러운 곤경 속으로 몰아넣었다. 그들은 제국의 충성스러운 시민으로서와 그들의 종교적인 지도자에 대한 충실한 신봉자로서의 의무 사이에서 갈등했다.

그들이 영국의 설탄(회교국의 지도적 국가) 혹은 칼리프의 주권을 공격하지 않는다고 약속했을 때 회교도들은 영국을 도와주기로 동의했다. 터키인들은 유럽에 머물러야 하며 설탄은 이슬람의 성지뿐만 아니라 메소포타미아, 시리아와 팔레스타인의 영토와 함께 회교도에 의한 제한으로 전 아랍에 권위를 보유해야 한다는 것이 인도에 있는 회교도들의 감정이었다.

로이드 조지와 총독은 이 사실을 엄숙하게 서약하였다. 그러나 전쟁이 끝나자 모든 서약은 헌신짝 취급을 당했다.

그리고 1919년 터키에 강요된 평화 조약에 대한 소문이 퍼지기 시작하자 인도에 있는 회교도들은 어쩔 줄 몰라 했고 그들의 불만은 마침내 킬라파트 운동(또는 칼리파트 운동)으로 시작되었다.

그 운동은 평화적인 시위로 해서 1919년 10월 17일(킬라파트 일)에 시작되었으며 델리에서 개최된 전 인도 킬라파트 회의의 개최일인 11월 24일보다 약 한 달 먼저 시작했다.

간디는 이 회의를 주재했고 예민한 직관력으로 회교도의 반동이 인도를 단합할 수 있는 기구로 만들 수 있음을 인식하였다.

인도에서는 여러 종족들의 단합이 가장 어려운 문제 중 하나였다. 영국인은 힌두교와 회교도 간의 자연적인 적의를 유리하게 이용하였다. 간디는 이렇게 적의를 조장하는 영국인을 비난하였다.

어쨌든 영국인은 상호간에 어린애처럼 싸우는 이 두 종파를 화해시키려고 노력하지 않았다. 예를 들면 힌두교도는 회교도를 자극하기 위해서 조용해야 할 회교 사원(寺院)을 지날 때 일부러 노래를 불렀고, 회교도들은 힌두교가 소를 숭배하는 것을 몹시 경멸하였다. 끊임없는 적대 감정이 두 종파를 지배하여 두 종파는 상호간 절대로 연합하지 않았고 상호 결혼을 허용하지 않았으며, 심지어 함께 식사하는 것도 허락하지 않았다.

영국 정부는 이 두 종파 간에 공동의 정책을 동의하거나 채택하는 것은 불가능하다는 확실한 신념 위에서 완전한 중

립을 지켰다. 그러므로 간디가 힌두교와 회교의 대의의 동일성을 선언하자 그것이 출발임을 깨달았다.

건전한 정치가 있다는 온화한 분위기의 시초에서부터 간디는 힌두교도들에게 회교도의 주장을 진척시키기 위해서 그들의 권력을 인정하면서 모든 것을 행하도록 촉구했던 것이다.

"힌두교도, 파르시이인, 기독교인 혹은 유태교도일지라도 우리가 한 국가의 국민으로서 살기를 원한다면 우리들 중 어느 한 쪽의 이익은 우리 모두의 이익이 되어야 할 것이다. 결정하는 생각만이 특별한 대의의 정의일 수 있다."

회교도의 피는 엄리처의 비극적인 대학살에서 힌두교도의 피와 이미 함께 섞였었다. 이 두 종파는 이제 연합, 무조건 연합하게 된 것이다.

인도에 있어서 회교도는 가장 진보적이고 대담한 요소였다. 그리고 그들은 킬라파트 회의에서 그들의 요구가 수락되지 않는다면 정부와 협력하는 것을 거부하겠다는 것을 최초로 선언한 집단이었다.

간디는 이 방법에 동의했지만 과격하게 이끌어가는 본질적인 공포 속에서 당시 영국 상품의 불매동맹에 대해 변호

할 것을 거절하였다.

불매동맹이란 복수에의 열망이며 약자의 표현이라고 생각했기 때문이었다.

제2차 킬라파트 회의는 1919년 12월 말에 엄리처에서 개최되었고, 인도의 태도를 영국 정부에 알리기 위해서 유럽에 대표단을 보내기로 결정했다. 또한 평화 조약이 불충분한 것으로 판명되면 총독에게 최후통첩을 발송하기로 결의했다.

최후로 1920년 2월에 봄베이에서 개최된 제3차 회의에서 대영제국의 폭력적 힐책이 다가올 폭풍의 선구자였다는 성명서를 발표하였다.

간디는 폭풍이 무르익어 가고 있다는 것을 인식했고 그는 그 폭풍을 불러일으키려는 노력 대신 모든 힘을 다하여 그 폭풍에서 부는 폭력을 제거하려고 했다.

영국도 위험을 인식한 것처럼 보였다. 때늦은 양보였지만 영국은 이전 태도의 결과를 수정하고자 절망적인 노력을 경주한 듯하다.

몽타규 첼름스포드 보고서에 입각한 인도의 개혁법은 인도 국민에게 주정부의 행정에서와 마찬가지로 중앙 정부에서 더 많은 영향력을 주도록 했다.

국왕은 1919년 12월 24일의 선언에 의해서 이 법안에 서명했으며 그 선언에서 국왕은 모든 면에서 정부와 협력하고자 인도의 국민과 단체들을 초대하였고, 또한 총독에게 정치적 공격을 사과하도록 촉구하는 한편 일반 사면(赦免)을 채택하도록 하였다.

간디는 항상 적의 호의를 믿을 준비가 되어 있고 이런 방침이 인도를 정당하게 다루려는 일종의 무언의 동의로서 특징짓고자 하는 것이라고 그는 해석하였다.

그리고 그는 국민들에게 그 개혁을 환영하도록 호소하였다.

그는 그 개혁이 불충분하다는 것을 고백하였지만 그들이 보다 위대한 승리를 하기 위한 시발점으로 수락되어야 한다고 말했다. 그는 회의에서 개혁안을 무조건 동의하도록 촉구하였다.

열띤 토론을 거친 후 국민회의파는 그의 견해를 채택하였다.

그러나 간디의 희망이 환상 속에서 세워졌다는 것이라는 사실이 곧 판명되었다. 총독은 왕의 관대한 호소에 귀 기울이지 않고, 투옥자들을 석방하는 대신 박해자들을 위해서만 감옥문을 개방하였다. 약속한 개혁이 실행되지 않는 것이 명백해졌다.

이러한 상황에서 1920년 5월 14일 터키에 강요된 평화 조건의 소식이 들려왔다.

총독이 국민에게 보낸 메시지에서 그 조건들에 실의(失

意)를 안겨 줄 것이라고 인정하면서 그는 회교도들에게 최후의 길까지 자세하게 조언하였다.

그 당시 엄리처 대학살에 대한 공식 보고서가 출간되어 나왔다. 그것은 최후의 지푸라기였다.

인도의 민족의식은 폭발하였다. 모든 관계는 산산이 부서져 버렸던 것이다.

1920년 5월 28일 봄베이에서 개최된 킬라파트 위원회는 간디의 비협력 정책을 채택하는 결의안을 통과시켰고, 이 결의안이 1920년 6월 30일 알라하바드의 회교도 회의에서 만장일치로 수락되었다.

간디는 그동안 총독에게 공개서한을 보내어 비협력 운동이 시작될 것이라는 사실을 알렸다.

그가 운동을 하게 된 이유를 설명하였고 그의 논거는 연구할 가치가 있는 것으로서 이 논거는 당시 간디가 영국과의 관계를 끊는 것을 피할 것을 희망하고 있었다는 것을 증명한다.

그의 마음 깊은 곳에서는 아직도 정부가 순수하게 법률적 방법에 의해서 개선해 줄 것을 희망하였다.

“나에게 열린 유일한 길은 절망 속에서 영국 통치 관계를 단절하거나 혹은 내가 영국 헌법의 고유한 우월성에 대한 신념을 아직도 갖고 있다면 과오를 행하였던 사실을 수정할 수단을 강구하는 일이다. 그러므로 영국 헌법의 우월성에 대한 신념을 잃지 않았던 확신을 회복하는 것이고 그 까닭으로 해서 나는 회교도 친우들에게 폐하 정부로부터 그들의 후원을 철회하고 힌두교도들에게 그들과 함께 뭉치기를 조언하고 있는 바를 믿는 것이다."

그리고 제국의 이 고귀한 시민들은 제국의 맹목적인 자만심을 일축해 버렸다.

제 2 부

I

1920년 7월 28일, 간디는 비협력 운동을 8월 1일부터 행할 것을 선언했고 예비과정으로서 그 하루 전날 단식과 기도를 행할 것을 명하였다.

그는 정부의 압력에 대해서는 두려워하지 않았지만 대중의 광포한 행동을 걱정했으며 또한 인도인 대열 속에서 질서와 규율을 지키도록 모든 노력을 경주하였다.

그는 다음과 같이 선언하였다.

"효과적인 비협력 운동은 완전한 조직에 의거한다. 분노는 무질서를 유발한다. 그러므로 절대로 폭력이 있어서는 안 된다. 폭력은 우리의 경우에는 퇴보를 의미하고 선량한 생명의 무모한 낭비를 뜻한다. 무엇보다 중요한 일은 완전한 질서가 지켜져야만 하는 것이다."

비협력 운동의 전략은 2개월 전에 간디와 비협력 운동 위원회가 규정했으며 다음과 같은 방법들을 포함하고 있다.

1. 명예와 명예직에 관한 모든 칭호의 포기.
2. 정부에의 대부(貸付)에 불참.
3. 법률가의 업무 중지와 개인적인 중재에 의한 법적 논쟁의 해결.
4. 아동과 학부형에 의한 공립학교 등교 거부.
5. 개혁된 위원회의 거부.
6. 정부의 정당이나 다른 공공 기관에 불참.
7. 어떤 관직(官職)이나 군직(軍職)에 대한 수락 거부.
8. 스와데시1) 독트린 확대에 관한 동의.

다른 말로 표현하면 그 계획의 부정적인 부분은 건설적인 방법으로 완전하게 보충하여야 하고 미래의 새 인도 건설로 인도하는 것이다.

이 계획은 첫 단계에서 행한다는 것이 특징이었으며 인도인 폭동의 거대한 기구를 움직였다가 다시 그 운동을 중지시킴으로써 유럽 혁명가들의 방법과는 다른 매우 놀라운 방법으로 그 운동을 억제하고 다시 진동하도록 했다.

간디는 그때만 해도 시민 불복종을 계획하지는 않았다. 그는 시민 불복종을 알고 있었다. 그 의미를 소로우에서 연

---

1) 어원학상 「스와」는 자신을 뜻하고 「데시」는 국가를 의미한다. 이로 해서 원뜻은 민족적 독립을 말하는 것이다. 비협력 운동자는 보통 그 뜻을 경제적인 독립에 관계된 협의(狹義)에서 해석하여 왔던 것이다. 그 어휘는 간디의 추종자들이 그 이상(理想)에서 만들었던 사회적인 사도의 종류 속에서 더 자세하게 그 뜻을 음미하게 될 것이다.(≪스와데시의 사도≫에서)

구했고 그의 논제 속에 소로우를 인용했으며, 시민 불복종과 비협력 간의 차이점을 설명하는 데 고통을 느꼈다.

그는 시민 불복종이란 단순히 법률에 대한 복종을 거부하는 것 이상이라고 말했다. 그것은 법률에 대한 신중한 저항을 의미한다. 그것은 법률을 위반하는 것이고 엘리트에 의해서만 수행될 수 있는 반면 비협력 운동은 전 민중적 운동의 성격을 띠어야만 하는 것이다.

간디는 인도에서의 시민 불복종을 위해 민중들을 준비시킬 것을 꾀했으나 그들은 점차적인 과정을 통해서 그것에 익숙해져야만 했다.

그는 현재 시민 불복종을 위한 민중들의 여건이 성숙되지 않았다는 것을 알고 있었다. 그리고 대중들이 자제하는 법을 완전히 습득했다고 확신하기 전에는 대중들을 방임 상태에 두기를 원하지 않았다.

그러므로 비협력 운동의 첫 단계에서는 납세 거부를 포함시키지 않았다. 간디는 다만 때가 오기만을 기다렸다.

1920년 8월 1일 간디는 총독에게 쓴 유명한 그의 편지에서 그 운동의 시작을 알렸고 그가 획득했던 훈장이나 명예적인 칭호들을 포기한다고 통고했다.

"남아프리카에서 인간애에 입각한 나의 업적에 대해서 총독이 나에게 수여했던 「카이자르-이-힌드 금메달」,

1906년 남아프리카에서 인도인 앰뷸런스 자원 부대를 지휘한 지도자로서 봉사한 데 대해 수여했던 「블루 전쟁 메달」, 또 1899~1900년 보어 전쟁 중에 인도인 자원대의 부지휘관으로서 봉사한 데 대한 「보어 전쟁 메달」을 아무런 미련 없이 포기한다.”

그러나 그는 편잡 주에서 일어난 비극적인 참상을 열거하여 첨가했고, 또 킬라파트 운동의 배경에 있던 모든 사건들도 부가했다.

“부도덕을 옹호하고자 과오를 계속하고 있는 정부에 대해 신임도 존경도 하지 않는다. 정부는 반드시 개선하는 방향으로 나가야만 한다. 그러므로 폭력에 호소하지 않고 정부와의 결별을 원하는 자들에게 정부로 하여금 잘못된 행위를 못하도록 압력을 가하고자 나는 과감하게 비협력 운동을 제안했던 것이다.”

그리고 간디는 총독이 그의 방법을 정당하게 행할 것을 주시하고, 국민의 인정을 받는 지도자 회의를 소집하여 그들과 상의할 것을 희망한다고 했다.

간디를 본받아 많은 사람들이 즉각 호응해 왔다. 수백 명의 재판관들이 사표를 내고, 수천 명의 학생들이 자퇴하였으므로 법정과 학교는 텅텅 비게 되었다.

9월 초 캘커타에서 특별 회의를 개최한 전 인도 국민회의파의 회의는 간디의 결정을 절대 다수로 수락했다.

간디와 그의 친우 마울라나 사우카트 알리는 전국을 여행하였는데 가는 곳마다 열광적인 환영을 받았다.

간디가 그 활동을 시작한 처음 일년 동안 그는 위대한 지도자로서의 두각을 가장 뚜렷하게 나타냈다. 그는 타오르는 폭력의 분위기를 억제하였으며 그 폭력의 불꽃을 최소한도로 줄일 준비를 갖추었던 것이다.

간디는 무엇보다 군중의 폭력을 걱정했고 몹시 싫어했다. 그는 전쟁을 증오했으나 칼리반(셰익스피어의 작품 ≪템페스트≫ 중에 나오는 인물로서 추악하고 잔인한 半獸人)의 미친 듯한 폭력보다는 차라리 전쟁을 원했다.

‘만약 인도가 폭력에 의해서 자유를 획득해야 한다면, 폭도의 폭력에 의해서가 아니라 전쟁이란 이름의 규율 있는 폭력에 의해서 획득해야 할 것이다.』

간디는 모든 시위 행렬이나 군중대회에 대해서, 그것이 비록 즐거운 축제의 행사라 할지라도 좋게 생각하지는 않았다. 왜냐하면 소요와 혼란에 가득 찬 군중 속에서는 격앙된 폭력이 명백한 이유도 없이 발생할 수 있기 때문이다.

그리고 그는 엄격한 규율 유지의 필요성을 강력히 주장했던 것이다.

"우리는 혼란 속에서 폭도의 법칙을 따르는 대신 민중의 법률을 소개함으로써 질서를 유지해야만 한다."

그리고 명백하고 확고한 안목을 구비한 우리의 건전하고 실제적인 감각이 종교적인 질서 위에 세워진 인간의 정신을 지배하고 있으며, 정확하고 자세한 법칙으로써 민중의 회합과 시위에서 어떻게 그 물결을 규율화하느냐 하는 것으로서 서구의 신비스러운 내용과 동일해야만 하는 것이다.

그는 민중 회합의 조직에 대해서 다음과 같이 말했다.

"우리의 큰 잘못은 음악을 무시해 왔다는 점이다. 음악은 조화와 질서를 의미한다. 불행히도 인도에서의 음악은 소수 특권층의 전유물이었으며 그것이 결코 모든 국민의 것은 아니었다.

나는 회합 때마다 국가(國歌)를 필수적인 고유한 노래로 만들고자 했다. 그리고 그 목적을 위해서 위대한 음악가들을 확보하여 모든 회의에 참석시켜 음악을 민중들에게 가르치려고 했다. 폭도들을 훈련시키는 것처럼 쉬운 일은 없다. 이유는 간단하다. 그들은 감정도 없고, 심사숙고하지도 않기 때문이다.』

간디는 일종의 제안 목록을 작성하였다. 큰 모임을 조직하는 데 있어서 참여하고자 하는 미숙한 지원자들을 수락해서는 안 되기 때문이다. 그리고 중요한 것은 경험 있는 지도층에 기대를 가져야 하는 것이었다.

지도자들은 그들의 성격상 일반적인 교훈서를 항상 휴대하고 있어야 하며 그들은 반드시 민중들 사이에서 국가를 배워야만 한다. 국가적인 외침은 정당한 순간에 고정되고 상승되어야 한다.

군중들을 정거장에 난입시키는 것을 금지해야 하며 거리에서는 보행인들과 교통수단이 순조롭게 통행할 수 있도록 질서를 유지해야 한다. 그리고 군중들 속에 결코 어린애들을 동반해서는 안 된다는 등이었다.

다른 말로 표현하면, 간디는 민중의 대양(大洋) 속에서 스스로 교향악단의 지휘자가 된 것이다.(1920년 9월 8일과 24일, 10월 20일)

Ⅱ

그러나 대중이 비이성적인 충동과 무의식, 맹목적으로 폭력을 행하고 있는 동안 심사숙고하여 의식적으로 폭력을 주장하는 하나의 정치적 파벌이 나타났다.

인도에서 가장 훌륭한 인사들 중 많은 수가 국가의 독립은 폭력 수단에 의해서만 성취할 수 있다고 믿었다.

이 파벌은 간디의 원리를 이해하지 못하고 그 원리의 정치적 효과를 믿으려고도 하지 않았다. 그것은 행동, 오직 직접적인 행동만을 요구했다.

간디는 비폭력을 중단할 것을 촉구하는 유사한 편지들을 받았으며, 더욱 나쁜 것은 그의 비폭력주의가 단순히 가장(假裝)이라고 조소하면서 비폭력을 즉시 중지해야 할 때가 왔으며 투쟁의 신호를 주어야 한다는 주장들이었다.

간디는 간곡하게 회답했으며 열띤 논의를 벌렸다.(1920년 8월 11일과 25일)

훌륭한 일련의 글들 가운데 그의 〈무력의 원리〉가 있다. 그는 힌두의 경전과 코란에서 폭력을 수락한다는 것을 부인했다. 폭력은 어느 종교의 원리의 일부가 아니라는 것이다.

예수는 무저항의 왕자이다. ≪바가바드 기타≫는 폭력을 설교하지는 않았지만 생명을 바치는 한이 있더라도 의무는 반드시 이행해야 한다는 것을 설교하였다.[1]

인간은 창조할 능력을 부여받지 못했으므로 살아 있는 가장 미미한 생명체도 파괴할 권리를 갖지 못한다. 어떤 인간에게도, 심지어는 악을 행하는 자에게까지도 증오감을 갖지 말아야 하지만, 이것은 인간에게 악을 관용하라는 의미는 아니다.

간디는 다이어 장군이 병이 들었다면 그를 간호할 것이지만, 자기 아들이 수치스러운 생활을 한다면 그 아들을 계속 부양함으로써 도와주지는 않을 것이다.

반대로『자식에 대한 나의 사랑은 이것이 비록 그의 죽음을 의미하게 될지라도 그로부터 모든 원조를 그만 둘 것을 나에게 요구할 것이다.』누구에게도 타인을 강제로 선하게 만들 권리는 없다.

　　『우리는 어떤 일이 일어나더라도 그를 내버려둔다든지, 그가 후회하면 진정한 마음으로 환영함으로써 그를 도울 의무가 있다.』(1920년 8월 25일)

---

1) 적어도 간디는 그렇게 경전들을 해석했다. 그가 ≪바가바드 기타≫에서 무서운 폭력을 당하고도 말없이 무관심을 터득하여 행하는 행동을 서구인들이 감히 할 수 있을까?

간디는 폭력적인 요소를 억제하고 있는 동안 자기의 망설임에 대하여 격려했다. 그는 결정적인 태도를 취할 것을 두려워하는 자들을 안심시켰다.

"직접적인 행동 없이 이 지상에서 행해질 수 있는 일은 아무것도 없다. 나는 「소극적인 저항」이라는 단어는 그 표현이 불충분하기 때문에 거부한다……

어쨌든 그것이 스무트 장군을 정직하게 개종시켰다는 것은 그렇게 효과적으로 말한 남아프리카에 있어서의 직접적인 행동이었다.

석가와 예수가 설교한 더 큰 공생이란 무엇인가? 온유와 사랑이다. 석가모니는 두려움 없이 적진 속에 들어가 승려 집단으로 하여금 승복하게 하였다. 예수는 고리대금업자들을 예루살렘의 사원에서 끌어내었고 하늘에서 위선자와 바리새인에게 저주를 주었다.

두 성인은 강력하게 직접 행동하였다. 그러나 석가모니와 예수가 징계하였다 할지라도 그들의 모든 행동의 배후에는 무한한 온유와 사랑이 있었다." (1920년 5월 12일)

간디는 영국인의 감정과 관용에 호소한 것이다.(1920년 10월 27일, 「인도에 거주하는 모든 영국인들에게」) 그는 영국인들을 자기의 사랑하는 친우들이라고 부르며, 30년 이상이나 그들의 충실한 동료였다고 지적하였다.

그는 영국인들에게 정부의 배신으로 말미암아 위와 같은 동료 감정이 산산이 부서졌으므로 정부의 배반을 돌이킬 것을 요구하였다.

그러나 그는 아직도 영국인의 용감성을 믿었으며 타국인의 용감성에 대해서 영국인이 갖는 존경심을 믿었던 것이다.

"전투에서 인도가 용감성을 발휘하는 것은 불가능하지만 정신적인 용감성은 우리에게 개방되어 있다. 비협력이란 자기의 희생을 훈련하는 이외에 다른 의미를 가지고 있지 않다. 나는 나의 고통으로 인하여 여러분을 정복할 것을 기대한다."

처음 4, 5개월 동안의 예비 운동 중 간디는 비협력을 통해서 정부를 마비시키려고 하지 않았다. 그의 이상은 정신적, 도덕적, 그리고 경제적으로 독립하게 될 새로운 인도를 건설하기 위한 기초를 마련하는 것이었다. 간디는 스와데시라는 용어로 인도의 경제적 독립에 대한 이상을 표현하였고 그 용어를 협의로 사용하여 경제적인 면에서만 취급했다.

인도는 고통을 감수하면서 진군해야 하며 불평 없이 고난을 수락하는 것을 배워야 한다. 건전한 규율은 도덕적인 위생법으로서 필요하다. 그로 말미암아 한 국가의 건전함이 이루어질 것이다.

간디의 첫 운동은 인도를 음주(飮酒)의 저주로부터 자유롭게 하는 것이었다. 각 집단에 금주하는 분위기를 조성하도록 촉구했고 그렇게 함으로써 서양의 술들을 반드시 거부해야 했다. 술을 취급하는 상인들의 주류법 허가를 취소하도록 독려해야 했다.2)

전 인도는 마하트마의 호소에 호응하였다. 간디는 민중들에게 주류 판매소를 약탈하거나 강제로 폐쇄하려는 것은 금지하였으며 이와 같은 절제의 강한 물결이 전 인도를 휩쓸었다.

『여러분은 타인에게 완력으로 선하게 될 것을 강요해서는 안 된다』라고 그는 대중에게 설교하였다.

그러나 인도에서 음주의 저주를 제거하는 것이 비교적 쉬운 일이었다면 인도에서 생존의 수단을 마련하는 일은 훨씬

---

2) 1920년 4월 28일, 그리고 1921년 6월 8일과 8월 1일에 간디는 사업계층인 파르시이인에게 보내는 편지 속에서 그들에게 주류를 판매하는 것을 중지하도록 간청했다.

　그리고 1921년 6월 8일에는 온건파들에게 보내는 편지에서 그들에게 설령 그의 계획의 다른 부분들에 동의하지 않는다고 할지라도 이 점(주류 판매 금지)만을 수행하기 위해서 도와줄 것을 요청했다.

　그는 또한 마약 등의 사용 금지에 대해서도 투쟁하였다.

더 어려웠다.

만약 영국과의 협력을 중지한다면 인도는 어떻게 살아갈 것인가? 만약 유럽의 제품들을 금지한다면 인도는 무엇을 입을 것인가? 간디의 해결책은 가장 간단한 것으로 그의 마음과는 달리 중세 취미를 나타낸다. 그는 가정 방적의 전통적인 인도의 산업을 다시 수립하여 물레를 받아들일 것을 약속하였다.

사회적인 문제에 대한 가장(家長)의 이와 같은 해결책은 자연히 비웃음의 대상이 되었다.3)

그러나 인도의 상황과 간디가 주장한 차아커(물레질)에 대한 해석은 반드시 고려되어야 한다. 간디는 물레질이 아주 가난한 사람들을 제외하고는 생계의 수단이 된다고 주장하지는 않았다. 그러나 그는 몇 개월간의 농한기 때에 있어서의 그 운동은 농업에 보탬이 된다고 강력히 주장했다.

인도의 문제는 이론적인 것이 아니고 사실적이고 압력적인 것이었다. 인도인의 80퍼센트가 농업에 종사하고 있으므로 1년 중 4개월간은 실직(失職) 기간이다. 그래서 인구의 10분의 1은 보통 기근(飢饉) 상태에서 허덕인다. 중류

---

3) 간디 자신은 많은 사람들이 조소하고 있다는 것을 인식했다. 그러나 그는 물었다. 재봉틀이 바늘을 없애 버렸는가? 물레질의 유용성은 사라지지 않았다. 반대로 현재의 순간에 그것보다 유용한 것은 없다. 물레질은 국가의 필요이고 아사(餓死) 지경에 있는 인도인을 위해 생활의 수단을 가능하게 하는 것이다. (1920년 7월 21일)

계층들도 풍족하지는 않았다.

영국은 이러한 상태를 개선하기 위해 무엇을 하였던가? 개선은커녕 도리어 영국은 모든 상태를 악화시켰다. 왜냐하면 영국 제품업자들은 지방 산업을 파괴하였고 인도의 재원을 빨아들였으며 1년에 6천만 루우피이 이상을 국가로부터 착취하였기 때문이다.

인도에서 생산되는 모든 면화를 일본과 랭카셔에 수출하도록 강요했고, 그 대신 제조된 캘리코우의 형태로 인도에 역수입됨으로써 인도는 엄청나게 비싼 값으로 그 제품들을 구입해야 했던 것이다.

그러므로 급선무는 외국 제품들을 일소(一掃)하는 것이고 이 과업을 수행하기 위해서 인도는 민중에게 일자리를 마련해 줄 수 있는 인도 스스로의 작업장을 반드시 조직해야만 했다.

가정에서 물레를 잣는 운동보다 더 빠르고 경제적으로 조직화할 수 있는 산업은 없다. 그 이상(理想)은 보수가 좋은 농업 노동자들에게 그들의 직업을 그만두도록 유혹하는 것이 아니라, 실업자와 생계를 위한 일자리를 갖지 못한 부녀자들과, 낮에도 여가를 가진 사람들에게 몇 시간 동안 물레질을 하도록 하는 데 그 의의가 있다.

그러므로 간디는 (1)외국 제품들의 거부 (2)물레질의 가르침 (3)수공(手工)으로 만든 옷감만을 구입하도록 명하였다.

간디는 끊임없이 이 이상에 전념하였다. 그는 물레질이 곧 전 인도의 의무라고 주장했다.

그는 가난한 소년들이 몇 시간 동안 물레질을 하여 스스로 학비를 마련할 것을 원했고 남녀 불문하고 하루에 적어도 한 시간씩 자선(慈善)으로서 물레질을 하도록 하였다.

그는 물레질을 선택하게 함으로써 가장 정확한 방향을 제시했던 것이다. 그리고 물레질에 대한 기술적인 세부 사항에 관한 안내서를 제공하였고 대가족의 가장들과 수공으로 만든 옷을 사려는 사람들에게는 학교에서 학생들에게 하듯이 실제적인 조언을 하였다.

예를 들면 어떻게 스와데시 상점을 시작할 것인가—국산 제품을 취급하는 상점, 조그마한 자본으로써 10퍼센트의 이익을 남기는 상점 등에 대하여 설명하였다.

그가 시인 카비르와 손수 자기의 모자를 짠 대왕 아우랑그제브를 기쁘게 한, 인도에서 가장 오래된 음악 「물레질의 음악」을 묘사할 때 퍽 감상적이었다.(1920년 7월 21일)

간디는 민중의 마음에 불을 지를 수가 있었다. 그래서 봄베이의 고귀한 상류층 부인들로 하여금 스스로 물레질을 하게 했다. 힌두교와 회교도 할 것 없이 모두 오직 국산품 옷만을 입기로 동의했으며 이 사실은 완전히 보편화되어 갔다. 타고르도 수공으로 만든 옷을 카다르 혹은 카디라고 부르면서 칭찬하였다. 주문이 쇄도했다. 멀리 아든 지방과 벌루치스탠 지역에서까지 주문이 왔다.

그러나 스와데시의 제자들이 외국 물품들을 거부하였을 때는 완전히 혼란 속에 빠지고 말았다. 정신이 건전하고 균형이 잡힌 간디까지도 이성을 잃었다. 1921년 8월에 봄베이에서 그는 모든 외국 제품을 불사르도록 명령하였고, 크리스토가 통치하던 플로렌스의 사보나롤라 시대의 훌륭한 가정의 상속 물품과 값으로 따질 수 없는 귀한 물품들을 거대한 불더미 속에 던져 폭도적인 환희와 흥분 속에서 불살라 버렸던 것이다.

이와 관련하여 인도에서 가장 관대한 마음을 가진 영국인이며, 라빈드라나트 타고르의 훌륭한 친우인 C.F.앤드루스는 간디에게 편지를 썼다. 그는 마하트마에게 깊은 존경을 표하면서 그와 같이 가치 있는 물품들을 가난한 자들에게 주는 대신 불살라버린 것을 개탄하였다. 그는 파괴의 과정이 민중의 가장 나쁜 본능을 불러일으켰다고 주장하면서 파괴를 종교적인 독단으로 미화하려는 민족주의의 폭발에 반대한다고 항의했던 것이다.

그는 인간이 노력한 결정을 파괴하는 것은 죄스럽다는 감정을 버릴 수가 없었다. 앤드루스는 간디의 운동에 동의했고 심지어는 카디 옷을 입기까지 했지만 이제는 그 자체부터가 올바른지의 여부에 대해 방황하게 되었다.

봄베이에서 불타는 옷들은 마하트마에 대한 그의 신념을 흔들어 놓았다.

《영 인디아》에 앤드루스의 편지가 게재되었을 때 간디는 그 사실을 조금도 유감스럽게 생각하지 않았다. 그는 어떤 일이 있어도 타민족에게 나쁜 감정을 갖지 않았으며 그가 모든 외국 제품의 파괴를 요구한 것도 아니었다. 그는 단지 인도에 해를 끼치는 상품들만을 파괴할 것을 원하였다. 수백만의 인도인들이 영국인의 공장들 때문에 파멸되었고 수십만의 인도인이 전락하였으며 그들의 부녀자가 매음녀로 타락하여 버렸던 것이다.

인도에서는 이미 영국의 통치자들을 증오하는 경향이 있었으나 간디는 이 증오를 강화하려고 하지는 않았다. 반대로 그는 그 증오를 피하고 그 증오를 사람에게서 사물로 돌리고자 원했던 것이다.

외국 제품을 산 인도인들은 그 물품들을 판매한 영국인과 마찬가지의 죄를 범한 것이다. 물품들이 영국에 대한 증오의 표시로서 불태워진 것이 아니라 과거와의 인연을 끊고자 하는 인도의 결단의 표시로서 불태워진 것이다.

그것은 반드시 필요불가결한 외과적인 수술이었다. 그리고 이와 같은 유해한 상품들을 가난한 자들에게 주는 것은 잘못이라고 생각했다. 그 이유는 가난한 자도 명예감과 자존심을 가지고 있기 때문이었다.

Ⅲ

인도의 경제생활은 외국의 지배로부터 반드시 벗어나야
한다는 것이 급선무이다. 그리고 제2 단계는 인간을 해방시
키고 인도의 진정한 독립 정신을 창조해야만 한다는 것이었
다. 간디는 인도 국민들이 서구 문화의 굴레에서 벗어나는
것을 원하였으며 그의 가장 위대한 업적 중 하나는 인도인
에게 진정한 교육의 초석을 마련해 준 일이다.

영국의 지배 하에서 동양 문화의 타다 남은 여신(餘燼)이
여러 단과대학들과 종합대학들 내부에 잠자고 있었다. 알리
가는 45년 이상 힌두-회교 대학으로, 그리고 인도에서의 이
슬람 문화의 중심지로 남아 있었다. 칼사 대학은 시이크 문
화의 중심이었으며, 힌두 문화의 중심은 비나아레스 대학이
었다.

그러나 이 대학들은 고풍(古風)이었지만 재단들은 정부
에 의존하고 있었다. 정부가 이 대학 재단 등에 보조금을
지급하고 있었기 때문이었다. 그래서 간디는 이 재단들을
동양 문화의 보다 순수한 온상으로 대치할 것을 원했다.

1920년 11월 그는 애마다아바아드에 구자라트의 민족 대학교를 설립하였다. 설립 이념은 인도를 통합하고자 하는 것이었다.

힌두교의 다르마와 회교도의 이슬람은 동대학의 2대 종교적인 지주였다. 동대학의 목적은 인도의 모든 언어들을 유지하고 그 언어들을 민족이 갱생할 수 있는 재원으로서 사용하고자 했던 것이다.(1920년 11월 17일)

간디는 『동양 문화의 체계적인 연구는 서구 과학보다 본질적으로 뒤떨어진 것이 아니다』라고 정당하게 느꼈던 것이다. 산스크리트어·아랍어·페르시아어와 팔리어·마가다어의 막대한 보고(寶庫)는 국가의 힘의 원천이 숨어 있다는 점에서 샅샅이 발견되어야만 한다.

이 이상은 단순히 고대 문화를 부흥시키거나 반복하는 데 있는 것이 아니고 과거의 전통과 문화가 후세의 경험에 의해서 풍부해진 기초위에 새로운 문화를 건설하자는 것이다.

이 이상은 인도에 자리 잡고 인도의 생활에 큰 영향을 주었으며 그 대신 풍토의 정신에 의해 자신들이 영향을 받았던 다른 문화와의 종합을 이루었다.

자연히 스와데시 형태가 이루어져야 할 것이며, 각 문화들이 확신을 가지게 되고 그것이 합법적인 위치에 놓이게 되는 것으로서 한 지배적인 문화가 여타의 문화를 흡수하였다. 그 목적은 조화를 이루는 데 있는 것이 아니고 인위적

이고 강요된 통일로 향하는 미국의 형태문화가 아닌 것이
다.

인도의 모든 종교는 가르침을 받았다. 힌두교는 코란을
연구하고 회교도는 샤스트라스를 연구할 기회를 가져야만
했다.

민족 대학은 배척하는 정신을 제외하고는 아무것도 배척
하지 않는다.

그것은 인간성에는 「불촉(不觸)」이라는 것이 없다고 믿
는다. 힌두스탄 말은 산스크리트와 힌디말·페르시아어로
된 우르두우어의 민족적인 융화를 위해서 필수적으로 만들
어진 것이다.1) 독립 정신은 연구 방법에 의해서뿐만 아니
라 주의 깊은 직업 훈련에 의해서 육성되었다.

간디는 방송 교육을 통해서 지방에까지 교육을 확장하려
고 했으며, 보통 교육을 점차로 조직하고자 희망하였는데
그 교육은 대중에까지 스며들게 함으로써 오랫동안 교육받
은 자들과 비교육자들 간의 비극적인 간격에 다리를 놓은
것이다.

그리고 일반에게는 산업 교육을, 산업 계층에게는 문학

---

1) 영어와 기타 유럽의 언어도 배척하지 않았다. 영어 수업은 학교의
   계획에 따라 고학년을 위해 마련되었다. 그러나 전 학년을 통틀어
   인도의 언어들을 사용케 했다. 간디는 모든 다른 모습들이 분리된
   상태에서가 아니라 다른 모습들로서 존재해야 할 우주적인 존재의
   높은 상태를 꿈꾸었다.

교육을 부여한 효과로서 부(富)의 불평등한 분배와 사회적 불만을 억제하게 되었다.

수공예의 숙달을 무시하고 오직 두뇌만 개발하는 서구식 교육 방법에 반대하여, 간디는 수공에 관한 작업이 가장 낮은 학년에서부터 전 학년의 교과목의 일부가 될 것을 원했다.

그는 소년들이 몇 시간 동안 물레질을 하면서 학비를 벌 수 있도록 하는 것이 훌륭하다고 믿었다. 이러한 방법으로 학생들이 생계의 일부를 담당하는 것을 배우고 독립 정신을 얻게 되기를 바랐다.

서구가 절대적으로 무시하고 있는 마음의 교육을 간디는 처음부터 강조했다.

그러나 학생들이 고유한 교육을 받을 수 있기 전에 필수적으로 올바른 교육자가 마련되어야만 했다.

간디가 생각한 새로운 교육의 중점은 교사들을 훌륭하게 양성하는 데 있었다. 이 재단들은 학교 혹은 대학 이상(以上)이 될 것이다.

인도의 이 신성한 횃불은 마치 과거에 위대한 종교 개혁자들이 서구의 베네딕트 수도원에서 빛을 발하여 정신과 영토를 정복한 것처럼 전 세계를 통하여 앞으로 빛을 발하기 위해서 전심전력하게 될 개종자라 부르는 편이 나을 것이다.

간디가 애마다아바아드에 모범적인 학원인 사탸그라하 아시람2) 혹은 규율의 장소에 대하여 서술한 규율은 학생들보다 교사에 더욱 관심을 나타냈고 수도원적인 서약으로 교사들을 구속하였다.

일반적인 종교의 계율에서 서약은 순수하게 부정적인 특징을 내포한 반면에 이곳 아시람에서 그들은 적극적인 희생정신과 성자들을 자극하였던 순수한 사랑으로 맥동 치게 했던 것이다.

교사들은 반드시 다음과 같은 서약을 준수해야만 했다.

1. 진리의 서약…진리는 보통 비진리(非眞理)에 대해서 회복하는 것만으로는 충분하지 않다. 국가의 선(善)을 위해서, 심지어 위선을 행하여서도 안 된다. 진리는 부모와 어른들에게 반대할 것을 요구할지도 모른다.

2. 아힘사(非殺傷)의 서약…어떤 생명체를 죽이지 않는다는 것만으로는 충분하지 않다. 인간은 그가 정의(正義)롭지 못하다고 믿는 사람들에게까지도 해를 끼쳐서는 안 된다. 더구나 그들에게 화를 내서는 안 되며 반드시 그들을 사랑해야 한다.

　　폭정(暴政)에는 반대하나 결코 폭군을 해쳐

---

2) 아시람은 고행의 장소이며, 은자(隱者)의 암자이다.

서는 안 된다. 그 폭군을 사랑으로 정복해야 한
다. 그의 의지에 불복종함으로써 죽음에 이르기
까지 악독한 벌을 인내해야 한다.

3. 독신 생활의 서약…독신 생활의 서약 없이는 앞의 두
   가지 서약을 준수하는 것이 거의 불가능하다. 탐욕스
   런 눈으로 여자를 바라보지 않는 것만으로는 충분하
   지 않다. 동물적인 욕정은 억제되어야만 하며 그러므
   로 생각 가운데서라도 그 욕정이 발동되어서는 안 된
   다.

   만약 남성이 결혼한다면 아내를 평생의 반려
   로 생각하고 그 아내와 순수한 관계를 가져야
   한다.

4. 미각(味覺)의 통제…식사를 규율화하고 순수하게 해
   야 한다. 동물적인 열성을 자극하거나 그 밖의 불필
   요한 것으로 여겨지는 음식들을 멀리해야 한다.

5. 도둑질하지 않는 서약…보통 타인의 소유물이라고 생
   각되는 물건을 훔치지 않는 것으로는 충분하지 않다.
   우리가 실제로 필요 없는 물건을 사용한다면 그것은
   도둑질이다. 자연은 매일 충분할 만큼 우리에게 필요
   한 것을 마련해 주므로 그 이상은 안 된다.

6. 비소유의 서약…소유하지 않는다는 것과 많이 간직하
   지 않는다는 것만으로는 충분하지 않다. 우리의 육체

적 필요에 절대로 필요하지 않는 것은 어떤 물건도 간직하지 않는다는 것이 필요하다. 끊임없이 생활을 간소하게 하는 것을 생각하라.

위의 중요한 서약에 부가하여 몇 가지 제2차적인 규율을 첨가했다.

1. 스와데시…속임의 가능성이 있는 상품들을 사용해서는 안 된다. 기계로 제조된 상품을 사용해서도 안 된다. 노동자들은 공장에서 수없이 고통을 당하고, 제조된 상품으로 말미암아 불쌍한 자들은 착취당하기 일쑤이다.
   복잡한 기계로 만들어진 상품들과 외제품(外製品) 은 아힘사의 생활을 하는 이에게는 금지되어야 한 다. 인도를 간편하게 하는 간편한 옷을 사용하라.
2. 비공포증…공포심을 가지고 행동하는 자는 아힘사의 진리를 추구할 수 없다. 그것은 인간의 계층, 즉 왕이나 가족, 도둑·강도 그리고 흉악한 동물들의 죽음에서의 공포로부터 반드시 자유로워야 한다. 진실로 공포를 느끼지 않는 인간은 진리의 힘과 정신력으로 타인의 반대에 대하여 자신을 방어하게 될 것이다.

이 학원의 명확하고 중요한 사항들이 결정된 후 간디는 다른 요구를 제시하였는데 그중에서 두 가지 뚜렷한 것은 교사들은 육체적 노동을 수행하는 모범을 보여야 하며 반드시 인도의 중요한 언어 등을 알아야만 한다.

4살부터 아시람에 입학할 수 있는 학생들은 10년간 계속되는 전 과목을 이수하기 위해 반드시 아시람에 머물러야 한다. 어린애들은 부모와 가정으로부터 분리되어야 한다. 가족들은 어린이들에 대한 보호를 포기해야 하며 어린이들이 부모를 방문해서도 안 된다.

학생들은 간편한 옷을 입고 음식은 엄격하게 간단한 야채를 먹는다. 일주일에 한번씩 학생들에게 개인적인 창조적 활동을 하도록 허락하여 주지만 휴일은 없다.

1년 중 3개월은 인도 전역을 도보로 여행한다. 제2의 언어로 영어를 배워야 하며 그들은 인도의 5개 언어(우르두우어·뱅갈어·타밀어·텔루구어·데바나가리어)의 특징들을 스스로 익히도록 해야 한다. 그들은 그들 자신의 언어로써 역사·수학·경제학·산스크리트어 등을 배워야 하는 것이다.

이밖에 농업과 방적도 배워야 한다. 종교적 분위기가 전 교육에 퍼져 있는 것은 말할 나위도 없다. 그들이 학업을 끝마쳤을 때는 그들의 교사처럼 서약을 하거나 혹은 학교를 떠나거나 이 중 하나를 선택하도록 허락되어 있다. 학비는 완전 무료이다.

필자는 그것이 그의 행동의 높은 영성(靈性)을 잘 나타내고 있으므로, 그리고 그는 이 제도를 전 운동의 주요원인이라고 생각하고 있기 때문에 간디의 교육 제도를 충분히 기술해 보았다. 새로운 인도를 건설하기 위해서는 새로운 정신과 힘과 순수가 인도인의 요소가 되어야 한다.

그리고 이러한 정신은 그리스도처럼 지구의 소금이 될 사도의 신성한 단체에 의해서만 발전할 수 있다.

간디는 서구의 혁명가와는 달리 법률과 의식(儀式)을 만드는 사람이 아니다. 그는 새로운 인간성의 건설자이다.

IV

유사한 상황 아래서의 모든 정부처럼 영국 정부도 무엇이 진행되고 있는지 깨닫지 못했다. 처음에 정부의 태도는 냉소적이고 경멸적이었다.

총독 첼름스포드 경은 1920년 8월 그 운동을 「모든 어리석은 계획의 가장 어리석은」 짓으로 특징지었다. 그러나 이러한 안일한 겸양의 고조는 오래지 않아 버려졌다.

1920년 11월, 정부는 위협과 온정적인 충고가 섞인 깜짝 놀랄 만한 선언을 공표하였는데 그 내용은 국민들에게 이 운동의 지도자들이 폭력을 설교하지 않는 한 간섭하지 않겠다고 했었지만 이제는 한계를 넘거나 지도자들의 언어가 폭동이나 폭력을 자극하면 누구든지 체포하겠다는 경고였다.

비협력 운동은 점차 확대되어 갔고 결정적인 방향으로 기울어져 정부는 당황하기 시작했다. 12월이 되자 사태는 결정적으로 위험한 방향으로 나갔다.

그 당시 비협력 운동은 다소 일시적인 것으로 고려되었고 인도 국민회의파가 나그푸르에서 12월 총회를 개최할 때까지 비협력 운동은 거부되었을 것이다. 그러나 비협력 운동을 승인하지 않는 것과는 달리 국민회의파가 첫 선언을 함으로써 다음 강령 안에 있는 이상(理想)과 일치하였다.

"국민 회의파의 목적은 모든 합법적이고 평화적인 수단에 의거하여 인도 국민이 스와라지—자치(自治)—를 성취하는 일이다."

그러므로 국민회의파는 9월 특별 회의에서 통과된 비협력 운동의 결정을 확인했고 나아가서 그 운동은 확대되었다. 비폭력의 원리가 절대적 지지 속에 채택되었을 때 일반적인 감정은 인도에 있는 모든 복잡한 요소들을 통합하는 데 온갖 노력을 경주해야 했고, 국민회의파는 힌두교와 회교도의 양 종파가 단합할 것을 간곡히 호소했으며, 특권 계층과 피압박 계층 간의 친선을 촉구하였다. 이 원리에 첨가하여 국민회의파는 전 인도를 위한 대표제를 설립해야 한다고 주장함으로써 강령 안에 근본적인 변화를 주었다.[1]

---

1) 국민회의파의 나그푸르 회의에 4,726명이 참석했는데 대표들의 비율은 회교도 46명, 시이크교도 65명, 파르시이인 5명, 불촉천민 2명, 힌두교도 4,079명, 여성 대표 106명이었다. 새로운 강령은 한 대표가 5,000명 중에서 선정되도록 규정함으로써 전 대표는 6,175명이었다. 인도 국민회의파는 크리스마스를 전후하여 1년에 한 번씩 전당대회를 연다.

국민회의파는 현재의 형태에서 비협력 운동을 오직 예비 단계로서만 생각했고 뒤에 결정적인 시기가 오면 완전한 비협력 운동으로 납세 거부 운동까지 포함시킨다는 사실을 숨기려고 하지 않았다.

그러나 그때까지 결정적인 방향으로 나아가기 위해서 거부 운동이 격렬해지고, 물레질을 장려하도록 촉구했으며, 동시에 학생들과 부모들에게 보다 강한 열성으로 비협력 운동에 참여할 것을 호소하였다. 국민회의파의 결정을 준수하지 않는 자들은 공공 생활에 참여할 수가 없었다.

국민회의파의 결의는 진정한 의미에서 한 국가를 수립하고 영국 정부에 반대하는 진정한 인도인의 통치체제를 수립하고자 하는 것을 골자로 했다.

영국은 이 결의에 침착할 수 없었다. 영국은 무엇인가 해야만 했다. 정부는 싸우든지 그렇지 않으면 협상을 해야 했다. 만약 정부가 기꺼이 서로 하고자만 했다면 교섭에 의해 쉽게 타협이 이루어졌을 것이다.

국민회의파는 「가능하다면 영국과 더불어」 그의 목표를

350명으로 구성된 상임 위원회는 집행 기관으로서의 역할을 하며 안건을 결의하고 모든 정책을 수행한다. 동위원회 내에 5인의 집행 기관이 동위원회와 동일한 관계를 가지고 있다. 그러나 이 기관의 해산권은 동위원회에 있다.

남녀 회원은 4아나의 회비를 내고 회원이 된다. 강령의 제1조를 지킬 것을 맹세하고 강령에 부수된 규율과 부칙만 준수하면 21세의 성년(成年)이 된 다음 누구든지 회원이 될 수 있다.

성취시킬 것을 희망하나 그렇지 않다면 「영국 없이도」 행할 것이라고 선언했다. 그러나 유럽의 정치가들이 외국의 타민족을 포함하는 경우 항상 그랬던 것처럼 협상하고자 하지 않았다.

정부는 억압 정책을 채택하여 무력(武力) 사용을 위한 구실을 찾고 있었다. 이러한 조치에는 어려움이 없었다.

간디와 국민회의파가 제창한 비폭력의 원리에도 불구하고 몇 차례의 폭동이 인도의 여러 지역에서 일어났다. 그 폭동들은 비협력 운동과 별 관계없었지만 그래도 두통거리였던 것은 사실이다.

연합주에서 소작인들이 지주에 대한 반발로서 약간의 폭동을 일으켰는데 경찰이 이에 간섭함으로써 유혈 사태가 발생했다.

곧이어 시이크교의 아칼리 운동은 순수한 종교적인 성격을 띠었지만 비협력 운동 방법을 채택하였고, 선동 결과 2백 명의 시이크 교도들이 1921년 2월에 대학살을 당하였다.

훌륭한 신념을 가진 사람은 누구나 간디와 그의 추종자들이 이 광란의 극적인 사건들을 책임져야 한다고 생각지 않았지만 정부는 이 사태들을 좋은 기회라고 생각했다. 1921년 3월 탄압을 시작했고 시간이 지남에 따라 더욱더 심해졌다.

정부는 폭도들의 광란에서 주류 판매점을 보호해야 한다는 구실로 간섭을 정당화했다. 이것은 서구의 문명과 알코올이 손을 맞잡고 행진한 것으로는 처음이 아니었다.

자발적인 비협력 운동의 조직은 해산되었다. 선동적인 집회를 금지하기 위해 법률이 제정되었다.

확실히 전국의 경찰은 「폭력적이고 무정부적」이라고 불리는 운동을 진압하는 데 있어서 백지(白紙) 위임장을 받았어야 한다. 수천 명의 인도인이 체포되었고 인도의 가장 존경받는 시민들이 함께 투옥되어서 악형을 당하였다.

자연히 이 과정은 나쁜 혈기를 자극하였고 곳곳에서 민중들과 경찰 간에 충돌이 일어났다. 여러 가옥이 불타고 대중들이 상해를 입었다. 이 사태는 3월 말 베즈와다에서 전인도 국민회의파가 시민 불복종 운동을 토의하고자 회합하였을 때 인도에서 일어난 상황들이었다.

보기 드문 절제와 선견지명으로 이 회의는 전국적으로 앞서의 운동을 실행함에 있어 아직 준비되어 있지 않다는 점에서 반대했다. 시민 불복종 운동은 뒤에 촉구된 것이었다. 현 단계로서는 시민적이고 재정적인 동원만이 있을 뿐이었다.

그동안 간디는 인도의 단합을 위한 운동을 더욱더 활발하게 계속하였다. 그는 모든 종교들과 모든 종족들, 당파들과 카스트들을 단합시키려고 노력했던 것이다.

그는 다소 더럽혀진 부유하고 번영하는 사업 계층인 파르 시이인들에게 호소하였고(1921년 3월 23일), 힌두교도와 회교도 간에 공고(鞏固)한 연합을 하도록 호소하였다. 힌두교도와 회교도의 관계는 상호간에 편견·공포와 의심으로 계속 악화되어 갔다.

간디는 이 두 종파 간의 조화로운 단합과 변호, 욕망이 없이는 두 국민 사이에 불가능한 융합을 가져오는 데 몸을 바쳤으며 그들을 우정으로 단합하고자 노력하였다.2)

그러나 그의 피나는 노력으로 불촉천민인 「피압박」 계층에게 재생이 주어졌다. 불촉천민을 위한 열정적인 호소와 그들을 압박하는 마수적(魔手的)인 사회적 불평등에 대한 슬픔과 분노에 찬 그의 외침은 그의 이름을 영원히 남기게

---

2) 회교도인 마울라나 모하멧 알리와의 우정을 인용하면서 간디는 두 사람 사이에는 서로 존경하는 신념이 진실하다고 주장했다. 간디는 그의 딸을 알리의 아들과 결혼시키지 못하고 그의 친구와 함께 식사도 나누지 못하였는데 이 사실들은 마울라나 모하멧 알리에게도 역시 같은 것이었다. 그러나 이런 관습들도 두 사람이 서로 서로 좋아하며 존경하고 의지하는 것을 떼어놓지는 못하였다.
  간디는 힌두교도와 회교도 사이의 결혼에 대해 현재 불가능하다고 말했다. 두 종파 사이가 융합의 단계에 도달하려면 적어도 1세기는 걸릴 것이다. 실제적인 것을 뜻하는 정책은 그러한 개혁을 수행하려고 기도하지 않을 것이다.
  간디는 반대하지는 않았지만 그것은 미성숙 상태라고 생각했다.
  현재 중요한 것은 두 종파 사이에 서로 존경하고 충성스런 기운이 돌고 있다는 사실이다. 이 점에 대해 간디는 현실적인 감각을 보였다.(1921년 10월 20일)

하였다.

카스트 밖의 하층 부류들에 대한 그의 감정은 소년 시절로 거슬러 올라간다. 그가 소년이었을 때 한 불촉천민이 모든 더럽고 거친 일을 도맡아 하기 위해 집으로 오곤 하던 것을 회상하였다. 한 소년으로서 간디는 목욕재계로 자신을 정화한 후가 아니면 불촉천민과 결코 접촉하지 못한다고 들었다.

그는 그 이유를 이해할 수 없었으므로 때때로 그의 부모에게 질문했다. 그는 학교에서 자주 불촉천민과 접촉했는데 그의 어머니는 그에게 불경스런 접촉 결과를 오직 회교도한 사람을 접함으로써 피할 수 있다고 말하였다.

간디에게는 그것이 모두 어리석고 부당하게 보였다. 12세에 그는 이 오류를 인도의 양심에서 씻어버려야겠다고 결심했다. 그는 천대받는 그의 형제들을 구원해야겠다는 계획을 세웠다.

간디의 마음은 그가 그들의 대의를 역설할 때보다 더 명백하고 보다 공평하게 나타나는 적은 결코 없다. 만약 어떤 자가 그에게 불촉천민은 종교의 도그머라고 증명할 수 있다면 그는 자기의 종교를 포기할 것이라고 말한 사실에서 집약될 수 있다. 그는 부당한 불촉천민 제도로 인해 타국가들이 인도에 벌을 과했다면 그것은 정당하다고 생각했다.

"만약 인도인이 제국의 불촉천민이 되어버린다면 정당한 신이 우리에게 부과한 보상의 정의이다. 우리가 영국인들의 손을 씻어주기 이전에 우리들 인도인은 피투성이로 더럽혀진 손들을 씻어야 할 것이 아닌가?

불촉천민 제도는 우리들을 타락시켰고 우리들 인도인을 남아프리카, 동아프리카와 캐나다에서 불촉천민으로 만들었던 것이다. 인도인들이 불촉천민을 종교의 일부로서 고려하고 있고 스와라지가 성취 불가능하다고 보는 한 인도는 유죄이다.

영국은 보다 사악한 일을 하지 않았다. 그 첫째 의무는 약자와 의탁할 길 없는 자를 보호하는 것이며 어떤 개인의 감정도 해쳐서는 안 된다. 우리가 약한 동포들에게 저지른 죄악을 씻기 전에는 우리는 결코 야수보다 나을 것이 없다."

간디는 국민회의파로 하여금 불촉천민에게 학교와 우물 등을 제공함으로써 상태를 개선하고자 했다. 불촉천민은 공동 우물을 사용하는 것이 금지되었기 때문이다. 그러나 특권 계층에게 합장(合掌)하는 등 그들의 처참한 실정을 개선할 수 없었으므로 간디 스스로 불촉천민에게로 갔다.

그는 불촉천민의 지도자가 되어 그들을 조직화하려고 애썼다. 그는 그들과 더불어 그들의 문제들을 토의했다. 그들이 무엇을 해야 할 것인가? 영국 정부에 호소할 것인가? 그들 자신을 방임해 둘 것인가?

이것은 오로지 노예의 변화를 뜻할 뿐이다. 힌두교를 버릴 것인가? 아니면 기독교나 혹은 회교도가 되어야 하는가? 간디는 힌두교가 실제로 불촉천민을 옹호한다면 그들에게 그렇게 하도록 조언했을 것이다.

그러나 그렇지 않았다. 불촉천민은 반드시 근절되어야 할 힌두교의 불건전한 자연 발생물에 불과한 것이다. 불촉천민은 그들의 권익을 위해서 반드시 조직화해야 한다. 그들이 힌두교와 어떤 관계를 거부함으로써 힌두교에 관한 한 비협력의 원리를 채택해야 할 것이다.

그러나 난점(難點)은 불촉천민들에게는 지도자가 없었으며 그들 자신이 조직할 수도 없었다. 그러므로 최선의 방법은 비협력의 목적이 모든 계층간의 조화에 있으므로 그들을 위해서 일반적인 비협력 운동에 참여하는 일이다.

진정한 비협력은 순화된 종교적인 행위이며 불촉천민을 믿는 자는 누구도 그 운동에 참가할 수 없다. 간디는 이러한 방법으로 종교와 인본주의(人本主義)·애국주의를 결합하였던 것이다.

성스러운 행위는 불촉천민을 집단화하는 첫 노력이었다. 「피압박 계층 회의」라는 이름의 회의가 1921년 4월 13일과 14일 이틀 동안에 애마다아바아드에서 거행되었다.

간디는 이 회의를 주재하였고 이때 그가 한 연설은 가장 아름다웠다.

그는 불촉천민 제도의 금지를 요구하였을 뿐만 아니라 불촉천민에게 일어나서 그들 속에 있는 최선의 것을 보이라고 촉구했다. 그는 재생된 인도의 사회생활에서 불촉천민으로부터 위대한 것을 기대하고 있다고 말하였다.

그는 그들의 마음속에 자기 확신을 심으려고 했고 그들에게 그들 자신의 불타는 이상을 충만 시키도록 노력하였다. 「피압박 계층」 속에 숨어 있는 거대한 가능성을 본다고 그는 말했다. 그는 5개월 안에 불촉천민이 그들의 장점(長點)으로 해서 거대한 인도의 가족제도 내부에서 그들이 받아야 할 위치를 얻게 될 수 있으리라고 믿었다.

간디는 그의 호소가 국민의 마음속에 메아리치는 것을 보고 기뻐했다. 인도의 여러 곳에서 불촉천민들이 해방되었던 것이다.3)

그는 체포되기 전날 불촉천민의 발전을 증언하는 연설을 행하였다. 승려층이 협조했고 특권 계층들이 동정과 동포애의 비장한 모범을 보여주었다. 간디는 19세의 젊은 승려층

---

3) 1921년 4월 말 불촉천민은 사라지기 시작했다. 여러 촌락에서 불촉천민이 힌두교도들 사이에서 살고, 같은 권리를 누리도록 허락되었다.(1921년 4월 27일) 다른 지역, 특히 마드래스 주에서의 불촉천민은 비참한 상태에 머물러 있다.(1921년 9월 29일) 이때부터 이 문제는 국민회의파의 계획 속에 포함되었다. 1920년 12월에 나그푸르 국민 회의에서 이미 불촉천민을 없애려는 희망이 보였다.

이 불촉천민 속에서 살기 위해 거리의 청소부가 되었던 예를 인용하였다.

V

간디는 똑같은 관용을 가지고 다른 큰 문제를 제기하였는데 그것은 여성 문제였다.

성적(性的)인 문제는 인도에서 특히 어려운 문제 중 하나인데 육감적인 나쁜 방향으로만 확대되어 갔다. 유년 결혼 제도는 국가의 육체적·도덕적 재원들을 약화하는 것이다. 육욕의 강박관념은 남성의 마음을 짓눌렀고 여성의 위엄을 모독한다.

간디는 인도의 민족주의자들의 타락한 태도에 대한 인도 여성들의 불평들을 출간해냈다.[1] 간디는 여성의 편에 섰다. 그는 여성들의 항의는 불촉천민 문제와 마찬가지로 인도에 있어서 다른 상처가 있음이 증명되었다고 말했다.

그러나 여성 문제는 단순히 인도에만 국한된 것은 아니다. 전 세계가 이 문제 때문에 고통을 받고 있다. 그는 여성들에게 그들 스스로 다만 남성의 욕망의 대상이라는 생각을 버리고 자존심을 고취할 것을 호소하였다.

---

1) 1921년 7월 21일과 1920년 10월 6일.

여성 자신이 그 문제를 잊고 공공 생활에 참여하여 위험에 부딪치면 그들의 신념에 따라 고통을 견디라고 했다. 여성도 사치 생활을 포기하고 외제품은 불태우거나 버릴 뿐만 아니라 남성들과 힘을 합쳐 결핍을 함께 분담하여야 할 것이다.

훌륭한 많은 여성들이 캘커타에서 체포되어 투옥 당했다. 이것은 용기 있는 정신을 보인 것이다. 여성들은 자비를 바라는 대신에 대의(大義)를 위하여 고통당하고 있는 남성들과 유대를 가졌다. 고통이 올 때면 여성들은 항상 남성을 초월하는 것이었다. 여성에게 두려움을 주지 말라. 가장 연약한 자도 그녀의 명예를 유지할 능력을 가질 수 있다.

『어떻게 죽어야 하느냐 하는 방법을 아는 자는 결코 공포를 느끼지 않는다.』

간디는 고통당하고 있는 여성들을 결코 잊지 않았다. 그는 안드라와 바리살 주에서 개최된 회의에 모였던 여성들과 대화를 가졌다.[2] 그는 단순하고 고상하게 그들에게 말했고 그들은 신뢰를 보이면서 응답하여 그의 원조를 요구했다.

그는 몇 가지 방법으로 그들에게 정직한 생활을 영위하고 물레질을 하도록 제의했다. 그들은 장려해 주고 지원해 주

---

2) 1921년 7월 21일, 8월 11일, 12월 15일.

는 기미가 확실해지면 바로 다음 날부터라도 시작하겠다고
동의했다. 그러자 간디는 인도의 남성들을 향하여 여성을
존중하라고 호소하였다.

"사악한 도박(賭博)은 우리 혁명 중에 그 자리를 차지
하지 못하고 있다.

자치는 인도의 모든 국민을 형제 또는 자매로 생각해
야 한다는 뜻이다. 여성은 나약하지 않고 인간의 훌륭한
반쪽이며 양성(兩性)의 고귀한 한 부분이다. 오늘이 있기
까지 여성의 삶은 희생 또는 조용한 고통과 모욕의 연속
이었다. 여성의 직관은 때때로 남성의 지식(知識)에 대한
오만보다 더 진실했었음이 증명되었다."

간디는 그의 아내는 물론 인도 여성들에게서 지적인 도움
과 이해를 발견했으며 그들 중에서 가장 훌륭한 제자 몇 사
람을 발견하기도 했다.

VI

1921년 간디의 권위는 최고조에 달했다. 도덕적 지도자로서 그의 권위는 위대하였으며, 그 광대한 정치적 분야도 그의 수중에 있었다.

국민들은 그를 성자(聖者)로서 우러러보았다. 그의 사진들은 쉬리크리쉬나를 대표하는 것처럼 그려졌다. 그리고 같은 해 12월에 전 인도 국민회의파는 전권을 그에게 위임했고 후계자를 지명할 권한까지도 주었다.

그는 인도의 정책의 명백한 지배자가 되었다. 만약 그가 온당하다고 보았거나 종교를 개혁할 것까지도 고려했다면 정치적 혁명을 시작하는 것은 그의 의무였다.

그러나 그는 그렇게는 하지 않았고 그렇게 하는 것을 원하지도 않았다. 도덕적 위험 때문에? 도덕적 주저 때문에? 이 두 가지 이유가 다 가능할지도 모른다. 특히 인간들이 다른 민족과 문명에 속해 있다면 한 인간이 다른 인간을 진실로 이해하는 것은 상당히 어렵다.

그리고 간디처럼 깊고 미묘한 정신일 때 얼마나 더 어려울 까? 흥분한 한 해 동안 인도에서 행하여진 사건들 속에서 지도자가 흔들리지 않고 항상 확고하고 틀림없이 선택된 길을 따라서 거대한 배를 인도하여 갈 수 있는지의 여부를 확인하는 것은 난해한 일이었다.

그러나 필자는 현존하는 수수께끼 같은 인물에 관해서 필자의 감정을 설명하고자 하며, 이 위대한 인물에 대하여 가지고 있는 종교적인 존경심과 그의 진실성에 힘입은 진실성으로서 필자는 그렇게 행할 것이다.

간디의 권위가 위대하다면 그 권위를 남용할 위험성도 똑같이 큰 것이다.

그의 운동의 효과가 가장 약한 물결에 의해서 수천만 명에게 영향을 미치게 되므로 그 운동을 기도(企圖)하는 데 더욱더 어려움이 있었고 동시에 대양 중에서 확고히 머무르고 있었다.

실로 초인간(超人間)의 문제는 동요와 난포한 폭도들의 격정에도 불구하고 중용과 고매성을 조정하는 일이다.

온후하고 경건한 선장(船長)은 기도하며 신에게 의지한다. 그러나 그에게 오는 음성은 사나운 바람의 소용돌이에서 거의 소멸된다. 그 음성이 타인들에게 도달할 것인가?

그의 본성 가운데 자만에 치우치는 위험성이 없다. 엄청난 숭배가 그의 두뇌를 혼란케 할 수는 없었다. 반대로 그것은 그의 합목적성의 감각뿐 아니라 그의 겸양의 정신까지도 상하게 하였다.

간디는 환상을 보지 않았고 계시도 받지 않았기 때문에 예언자들과 신비자(神秘者)들 사이에서 예외적인 존재였다. 그는 자기 자신이 초자연적으로 인도되는 것을 믿으려고 하지 않았으며 타인으로 하여금 그것을 믿도록 노력하지도 않았다.

그의 이마는 변함없이 조용하고 뚜렷했으며 그의 마음에는 허영이 없었다. 그는 모든 다른 범인(凡人)들과 같은 사람이다. 그는 성자(聖者)가 아니다. 그는 사람들이 그를 유일한 사람으로 부르도록 하지 않을 것이다(그러나 그의 태도는 바로 그가 성인임을 증명한다).

「성자」라는 단어는 현재의 생활에서 없어져야 한다고 그는 말했다.

"나는 모든 선량한 힌두교도처럼 기도한다. 우리는 모두 신의 전언자(傳言者)가 될 수 있다고 믿는다. 나는 신의 의지에 대한 특별한 구현을 가지고 있지 않다. 나의 확고한 신념은 신이 매일 모든 인간에게 자신을 나타내지만 우리는 신의 「조용하고 작은 음성」에 귀 기울이지 않고 있다는 것이다. 나는 인도와 인간성에 대해 겸손한 종일뿐이라고 주장한다.

나는 한 파(派)를 설립하고자 원하지는 않는다. 나는 한 파만의 추종으로 만족하기에는 진실로 너무나 야망이 크다. 그 이유는 내가 새로운 진리들을 대표하고 있지 않기 때문이다. 진리를 아는 사람으로서 진리를 추구하고 대표하고자 노력한다. 나는 많은 낡은 진리들 위에 새로운 빛을 던질 것을 확언한다.” (1920년 5월 12일, 1921년 5월 25일, 7월 13일, 8월 25일)

그는 개인적으로 인도의 애국자로서든 비협력의 사도로서든 간에 편협한 마음을 가질 수 없고 극도로 겸손하고 양심적이다. 그는 폭정을 시인하지 않으며 심지어는 대의의 선을 위해서라 해도 폭력을 인정하지 않는다. 정부의 억압은 비폭력의 억압에 의해서 결코 대치되지 않는다.(1920년 12월 8일)

간디는 자기의 조국을 다른 나라와 겨루어서 우위에 놓으려고 하지 않을 것이다. 그의 애국심은 인도의 국경 내에만 한정되어 있는 것이 아니다.

“나에게 있어서 애국심은 인간성과 동일하다. 나는 인간적이고 인정적이므로 애국적인 것이다. 나의 애국심은 배타적이 아니다. 나는 인도에 봉사하기 위해 영국이나 독일을 해치려고 하지 않는다. 제국주의는 내 인생의 계획 속에 있을 자리가 없다. 애국자란 그가 미지근한 박애주의자라면 별로 애국적이 아니다.』(1921년 3월 16일)

그러나 그의 추종자들도 항상 이런 방법으로 느꼈을까? 그리고 그들의 입으로 간디의 원리는 결국 무엇이 될까? 그리고 그들 나름의 해석으로 그것이 대중들에게 어떻게 전달될까?

라빈드라나드 타고르가 유럽에서 몇 년 동안 여행 하고 1921년 8월에 인도에 돌아왔을 때 그는 국민들의 심적 변화를 보고 놀랐다.

그가 귀국하기 이전까지도 유럽에서 인도에 있는 친우들에게 보낸 일련의 편지에서 그는 염려를 표시했었다. 이 편지들 중 몇 가지가 《모던 리뷰》에 게재되었다.[1]

타고르와 간디, 두 위대한 정신 사이의 논쟁은 양쪽 모두가 상호 숭배와 존중에 의해서 움직여졌지만 그들의 감정이

---

1) 「외국에서 온 편지」, 3월 2일과 5일, 13일자의 세 통이 1921년 5월에 《모던 리뷰》에 게재되었다.

타고르가 귀국한 뒤 「진리에 대한 호소」가 씌어졌으며 역시 1921년 10월 1일에 《모던 리뷰우》에 게재되었다.

아무튼 두 사람은 논쟁적인 집필에서만은 그들의 견해를 토론하지 않았다. 그들은 만나서 오랫동안 대화를 나누었지만 그 회합에 대한 일련의 논평도 게재되지 않았다. 그러나 그 모임에 참석했던 C.F.앤드루스가 토론이 어떻게 진행되었으며 그들의 견해차를 돕기 위해서 타고르와 간디가 사용했던 논거(論據)들이 무엇인가를 우리에게 말하여 주었다.

숙명적으로 분리되어 있음은 플라톤으로부터 성 바울, 철학자가 사도 출신이 될 수 있는 것과 마찬가지로 중요한 사실이다.

한편에서는 새로운 인간애를 설립하고자 추구하는 종교적인 신념의 정신과 자비를 가지고 있다. 다른 한편에서는 연민과 이해에서 모든 인간성의 영감을 통합할 것을 추구하는 자유스럽고 광범위한 지성을 가지고 있다.

타고르는 항상 간디를 성인으로 바라보았다. 필자는 타고르가 간디를 존경하여 말하는 것을 듣곤 했었다. 톨스토이에 관해서 말했을 때 타고르는 필자에게

『나는 비로소 톨스토이보다 간디의 위대성, 간디의 정신이 얼마나 밝고 빛나는가를 알게 되었다. 간디에게는 모든 것이 자연적이고 겸손하고 단순하고 순수하며 그의 모든 투쟁이 종교적인 정적(靜寂)에 의해서 순화된 반면, 톨스토이에게는 모든 것이 자부심에 반하는 자부심의 반동, 증오에 반하는 증오, 열정에 반하는 열정이 있다. 톨스토이에 있어서 모든 것은 심지어 그의 주의가 비폭력이라고 할지라도 폭력인 것이다.』

라고 지적한 적이 있다.

1921년 4월 10일 타고르는 런던에서 글을 썼다.

『우리는 인간의 신성한 정신 안에 인도의 신념이 아직도 살아 있다는 것을 증명할 수 있는 기회를 인도에 베풀어 준 간디에게 깊은 감사를 드린다.』

타고르는 간디의 운동에 대해서 불안을 표시했음에도 불구하고 귀국하기 위해서 프랑스를 떠났을 때 그는 진정으로 모든 방법을 동원하여 간디를 후원할 계획을 세웠다. 그리고 뒷날 논술한 1921년 10월의 선언문—두 위인의 불화(不和)를 이루었던 《진리에의 호소》—에서까지도 간디에 대해 지금까지 씌어진 중에서 가장 아름다운 찬사를 보냈다.

타고르에 대한 간디의 태도는 사랑과 존경의 표시였으며, 그 태도는 두 위인이 이론상의 불화가 있을지라도 변함이 없었다. 간디가 타고르와 논쟁에 들어가면 싫은 감정을 느낀다고 생각하여 어떤 부류의 사람들은 개인적인 비평을 반복함으로써 논쟁을 더욱 격화시키려고 했으나 간디는 그들에게 조용히 할 것을 요구하면서 그가 얼마만큼 타고르에게서 영향을 받았는가를 설명하는 것이었다.[2]

---

2) 1922년 2월 9일 「출판에 대한 신성함」이란 논제(論題)에서 간디는 타고르와의 오랜 우정에 대하여 이야기했다. 간디는 산티니케탄에 있는 타고르를 자주 방문하였으며 그 방문은 그에게 있어 큰 휴

그러나 두 위인 간의 불화가 더욱 깊어져 간 것은 불가피한 일이었다. 1920년에 타고르는 간디의 풍부한 사랑과 신념이 틸락의 서거(逝去) 이래로 정치적인 목적에 봉사하지 않을 수 없었던 사실을 비탄했다.

물론 간디가 밝은 마음으로 정치적 분야에 참가했던 것은 아니다. 틸락이 서거하였을 때 인도에는 정치적 지도자가 없었던 상태였으므로 누군가가 그의 자리를 메워야 했다.

간디는 『내가 정치에 참여하는 것처럼 보인다면 오늘날의 정치 현실이 마치 뱀에 둘둘 감겨서 아무리 빠져 나오려고 몸부림쳐도 소용이 없는 것처럼 둘러싸여 있기 때문일 것이다. 나는 정치 속에 종교의 이념을 소개하고자 한다』라고 말했다.(1922년 5월 12일)

그러나 타고르는 이 사실을 한탄했다. 1920년 9월 7일에 쓴 글에서 『우리는 마하트마 간디가 대표하고 있는 세계에서 그만이 홀로 대표할 수 있는 모든 도덕적 위력을 필요로 한다』고 말했다.

그처럼 고귀한 보물이 정치라는 약한 돛단배에 던져져야 하고 투쟁해야 하며 자극하는 열정의 물결들의 끊임없는 채찍질에 종속되어야 한다는 것은 인도를 위해서 실로 심각한 불상사이다.

식이라고 하였다. 그가 영국에 있을 때 그의 어린애들이 그곳에 있는 그들의 집에 있었다.

그의 사명은 『죽은 자에게 영적(靈的)인 불꽃에 의해 생명에로 승화시키는 일이다』라고 타고르는 말하였다. 추상적인 도덕적 진실에 비춰 볼 때 가치 없는 문제들에 대해 정신적인 재원을 소비하는 것은 유감스런 일이다.

이것은 비폭력의 눈부신 시작에서, 그리고 킬라파트의 대의라는 미명으로 흥분했던 불안정과 편잡 주의 대학살에서 타고르가 보고 느낀 것이었다.

그는 발작적으로 광분한 공격에 복종하여 쉽게 흥분하는 폭도들로 인한 운동의 결과를 두려워하였다. 그는 민중의 마음을 복수와 불가능한 개선의 꿈으로부터 방향을 바꾸도록 하고 싶었다. 그는 민중들로 하여금 회복할 수 없는 것들을 잊고 인도를 위한 새로운 정신을 만들고 형성하는 데 온갖 노력을 기울이도록 하고 싶었다.

그리고 그가 간디의 교리들과 희생정신의 열렬한 불꽃을 존경한다고 할지라도 비협력의 교리에 포함된 부정적인 요소는 싫어했다. 타고르는 「아니다」라는 부정 편에 서 있는 모든 것에 대해 본능적으로 싫증을 느꼈다.

그리고 이 신념은 타고르로 하여금 인생의 즐거움을 받아들이면서 순화할 것을 요구하는 힌두교의 긍정적인 이상과, 억제를 요구하는 불교의 부정적인 이상과를 비교하도록 이끌었다. 이에 대해서 간디는 제거의 기술은 수락의 기술만큼 중요하다고 대답하였다.

인간의 발전은 이 두 가지 사항의 결합으로 구성된다. 우파니사드에서의 최후의 구절은 부정이다. 우파니사드의 저자(著者)들이 규정한 브라만의 정의는 「네티」, 즉 「아니다」라는 것이다. 인도는 「아니다」라고 말하는 능력을 잃었던 것이다.

간디는 이 능력을 인도에게 되돌려주었다. 제초(除草)하는 것도 씨를 뿌리는 것만큼 본질적이다.

타고르는 제초하는 것을 믿지 않았다. 인생에 대한 시적(詩的)인 명상에서 그는 사물이 존재하는 그대로에 만족하고 그들의 조화를 음미하는 가운데 기쁨을 발견한다. 그는 위대한 아름다움에 대해서 그의 견해를 설명하였지만 실제 생활에서는 멀리했다.

그의 말들은 환상극인 ≪나타라자의 춤≫과 같았다. 타고르는 전국을 휩쓸고 있는 커다란 자신의 정신을 조화시키려고 노력한다고 했다. 그러나 그는 꼭 그렇게 하지는 못하였다. 그 이유는 그의 마음에 있는 저항의 정신 때문이었다.

『절망의 암흑 속에서 나는 미소를 보고 「너의 위치는 세계의 해변에서 놀고 있는 어린애들과 함께 있으며 거기에 나도 너와 함께 있으리라」고 말하는 음성을 듣는다.』

고 그는 말하는 것이었다.

타고르는 조화와 더불어 놀며—어린이들이 사라져 버리는 대로 태양 속에서 춤추고 웃음 짓는 것과 같이 시간을 통해서 긴장시키는—새로운 음률을 발견했던 것이다. 모든 창조물은 타고르와 더불어 행복하다. 꽃과 나뭇잎들은 결코 끝날 수 없는 음률일 뿐이다. 신(神) 자신은 시간과 더불어 놀고 연출하는 가운데 별들과 위성들을 흔들고 오랜 시대의 강물 속에 꿈을 충만 시킨 종이배를 떨어뜨리는 최고의 요술쟁이인 것이다.

『내가 신에게 신의 제자가 될 것과 내가 발명한 몇 가지 장난감을 신의 즐거운 뱃속에 놓도록 기도할 때 신은 미소를 지었고 나는 신의 옷자락에 매달리면서 신을 따라가는 것이다.』

여기에서 타고르는 그가 그의 위치에 있음을 느꼈다.

『그러나 사방에서 밀어닥치는 많은 군중 속에서 내가 어디에 있어야 하는가? 그리고 내가 듣고 있는 시끄러움을 누가 이해할 수 있을까? 내가 한 노래를 듣고 있다면 나의 시타아르(악기의 일종)는 그 음률을 붙잡고 그 합창에 참가한다. 왜? 나는 음악가이기 때문이다. 그러나 대중의 미친 듯한 외침 속에서 나의 음성은 상실되고 나는 현기증을 일으키게 된다.』

타고르는 비폭력의 외침 속에서 조화를 찾고자 했으나 허사였다. 그는 독백하였다.

『만약 여러분이 역사의 가장 큰 위기에서 동포들과 보조를 맞추지 않는다면 잘못은 그들에게 있고 여러분은 옳다는 말에 주의하라. 그러나 너의 고귀한 신분의 위치를 포기하고 시인의 입장으로 되돌아와서 비웃음과 대중의 치욕을 받을 준비를 하라.』

그러므로 인도의 괴테는 바커스(로마신화에 나오는 술의 神)를 말할 것이다. 그리고 마치 타고르의 마음이 이제야 결정된 것처럼 보일 것이다. 시인은 이 행동이 부정을 내포하였기 때문에 작별 인사를 고하고 시인 자신이 쌓아 놓은 창조적인 매력 속으로 움츠러들었던 것이다.

그러나 타고르는 단순히 은둔만 한 것이 아니다. 그가 말한 대로 현 조류에 반대하여 자기의 작은 배를 인도하여 나가기로 운명을 결정했던 것이다.

당시 그는 단순한 「시인」이 아니라 유럽에 대한 아시아의 정신적인 대사(大使)였다. 그는 산티니케탄에서 서양인들에게 세계 대학을 창조하는 데 협조하여 줄 것을 요구하고 유럽에서 방금 귀국했던 것이다. 세계의 한쪽에서 그는 서양과 동양 간의 협조를 설교해야 했고 동시에 다른 한쪽에서는 비협력 운동이 설교되었다는 것은 얼마나 큰 운명의 장난이냐.(1921년 3월 5일)

비협력 운동은 그의 활동과 인생에 대한 개념에 있어서 이중으로 그에게 상처를 주었다. 『나는 동양과 서양의 진정한 단합을 믿는다』고 그는 말했다.

비협력주의는 그의 사고(思考)와 충돌하였다. 그의 정신과 풍부한 지성은 세계의 모든 문화에서 형성되었기 때문이다. 『모든 인간성의 가장 위대한 것은 나의 것이다』라고 그는 말했다.

『인간의 무한한 인격(우파니사드에서 말한 것처럼)은 모든 민족의 훌륭한 조화에서만 시작될 뿐이다. 나의 기도는 인도가 세계의 전체 국민들과 협조하는 것을 대표해야 한다. 인도에 있어서 통일은 진리이고 분리는 악이기 때문이다. 통일은 모든 것을 포용하고 이해하는 것이다. 결과적으로 통일은 부정을 통해서 성취할 수 없기 때문이다.

우리의 정신을 서양의 정신으로부터 분리하려는 현재의 기도는 정신적 자살의 시험이다…… 현세대는 서양에 의해서 지배되어 왔는데 그 이유는 서양이 성취해야 할 사명을 가졌기 때문이다. 우리 동양인은 서양으로부터 배워야 한다.

우리는 우리의 문화를 감상할 능력을 상실했으므로 서양의 문화를 정당한 위치에 놓는 방법을 알지 못한다는 것은 유감스럽다. 그러나 서구와 협조하는 것이 나쁘다고 말한다면 것은 지역주의의 가장 나쁜 형태를 조장하고 지적인 빈곤만을 생산한다. 그 문제는 세계적인 문제인 것이다.

다른 나라로부터 이탈됨으로써 자신의 구제자를 찾을 수 있는 나라는 전혀 없다. 우리는 모두가 구원을 받아야만 하든가 아니면 우리 모두가 함께 멸망해야만 될 것이다.』(1921년 3월 13일. 1921년 11월의 ≪모던 리뷰≫의 논설 중에서)

다른 말로 표현하면 괴테가 1813년 프랑스의 문명과 문화를 거절할 것을 거부한 것처럼 타고르는 서구의 문명을 금지하는 것을 거부하였다. 간디의 주의가 동서간의 간격을 실제로 쌓으려고 하지 않는 동안 타고르는 힌두 민족주의가 격동하게 되면 그렇게 행하여질 것이라고 판단했던 것이다.

타고르는 배타적 정신의 발전을 두려워하여 비협력 운동의 시초에 학생들이 그의 조언을 구하러 왔을 때 의혹과 염려의 감정을 설명하였다.

『학교에 가는 것을 거부하는 이유는 무엇을 뜻하는가? 』하고 타고르는 물었다. 학생들은 희생을 감수하려고 한다. 무엇 때문인가? 보다 완전한 교육을 위해서가 아니고 비교육을 위해서였다.

최초의 스와데시 운동 기간3) 중 일단의 젊은 학생들이 말하기를, 만약 그가 명하기만 한다면 그들은 즉시 학교를 떠날 것이라고 하였다. 그리고 그가 그렇게 하기를 거절하자 그들은 그의 애국심에 의심을 품고 대단한 혼란 속에서 떠났다.

인도가 영국계 학교를 거부하던 1921년 봄 타고르는 런던에서 지성적인 민족주의의 공격적인 예를 보았다. 타고르의 친우인 피어슨 교수가 강의하고 있던 중에 몇 명의 인도 학생들이 잘못된 민족 선언을 토로하였다. 타고르는 분개하였고 산티니케탄의 교사들에게 보낸 그의 편지에서 이러한 불관용의 정신을 비난하면서 그 책임은 비협력 운동에 있다고 했다. 이 비난에 대해서 간디는 다음과 같이 회답하였다.

"나는 나의 집을 사방으로 벽을 두르고 창문을 두껍게 하는 것을 원하지 않는다. 모든 나라의 문화들이 가능한 한 자유롭게 나의 집에까지 불려 들어오기를 원한다. 그

---

3) 1907년부터 1908년에 뱅골 주에서 행해졌던 최초의 인도 자치운동.

러나 나는 그들 문화 중 하나에 의해서 나의 발이 부러져 없어지는 것을 거부한다. 나의 종교는 감옥의 종교가 아니다. 그 종교는 신의 창조물 중 가장 하찮은 것을 위해서도 여지가 마련되어 있다. 그러나 그것은 인종·종교 혹은 피부색에 따르는 무례한 거만에 대해서 반대하고 있음이 증명되고 있다."

이 글은 솔직하고 고귀했으나 그들은 타고르의 의심을 풀지 못했다. 타고르는 간디를 의심하지는 않았지만 간디를 추종하는 자들을 두려워했던 것이다. 그리고 국민들과의 첫 번 접촉과는 달리 유럽에서 귀국한 후 그는 국민들이 마하트마의 설교에 맹목적으로 추종하는 것에 두려움을 느끼기 시작했다.

타고르는 정신적인 전제주의의 위험이 가까이 다가오고 있음을 보았으며 1921년 10월 ≪모던 리뷰≫에 그는 맹목적인 복종에 반대하는 외침이었던 「진리에의 호소」를 게재하였다. 그 항의는 마하트마에 대한 심심한 존경을 표시하면서 씌어졌기 때문에 특히 그 의미가 심중했다.

1907년과 1908년에 최초의 인도 독립 운동을 기술한 뒤 타고르는 그 당시 정치적인 지도자들이 버크글래드스턴 마찌니와 가리발디의 전통에 기초를 둔 그 현학적인 이상에 감동을 받았으며 그들의 말은 오직 엘리트들만이 이해할 수 있다고 설명하였다.

그들은 영어로 표현하는 이상적인 방법을 채택하였다. 그러나 바로 그때 마하트마 간디가 출현했던 것이다. 그는 그들에게 모국어로 이야기했다. 여기에 마침내 진리가 있었고, 책에서만 인용한 것이 아니었다.

간디에게 인도 국민이 준 이름인 마하트마는 그의 참된 이름인 것이다. 왜냐하면 국민들과 대화를 나눈다고 느낀 자가 그 외에 또 누가 있는가? 그들은 그 자신의 육신과 피라고 느꼈던가? 마하트마의 외침에서 정신의 숨겨진 힘이 개화되었고 마하트마는 그 진리를 구체적으로 만들었기 때문이다.

동일한 방법으로 수천 년 전에 석가모니의 설교는 새로운 위대함으로 번창하였으며 그 당시 석가모니는 인간들에게 모든 생명체에 연민과 자비의 감정을 갖고 이해하도록 설교했다.

인도는 새로운 생활에 자극되어 과학과 부(富)에 있어서 인도의 권리를 행사했고 대양과 사막을 건너서 전파되어 갔다. 어떠한 상업적·혹은 군사적 정복도 그렇게 훌륭하게 전파되지는 못했을 것이다. 왜냐하면 사랑만이 진리이기 때문이다.

그때 타고르의 메시지는 변화되었다. 찬미는 중단되었다. 속임수가 뒤따랐다. 바다 건너 유럽에서 타고르는 인도의 위대한 부활의 진동을 느꼈다. 새로운 자유의 유동하는 바람 속에 숨쉬는 사색에 기쁨으로 충만 되어 감격하며 그는 고향으로 돌아왔다.

그러나 도착하자마자 그의 기쁨은 여지없이 사라져 버렸다. 온갖 억압적인 분위기가 국민들을 짓누르고 있었다.

『외부적인 영향이 그들을 내리누르고, 그들을 착취하고 정하여진 순서에 따라 동일한 경향으로 하나와 모두를 말하고 있는 것처럼 보였다. 나는 모든 곳에서 문화와 이성(理性)의 힘이 상실되었고 맹목적인 복종만이 군림한다는 말을 들었다. 그러므로 어떤 외부적인 자유라는 미명 아래 진정한 정신적 자유를 파괴하는 것은 매우 간단하다.』

우리는 타고르의 비애와 그의 호소를 이해한다. 그것들은 전 세대와 시간인 것이다. 옛 세계를 파괴하는 최후의 자유로운 마음들은 예수의 시작에서 그들에게 전언되었던 것이다. 그리고 우리 자신들이 사회적 · 민족적 이상에서, 혹은 맹목적인 신념에서 일어나는 물결을 대할 때면 언제나 우리들 내부에서 일어나는 동일한 비애를 느끼게 된다.

타고르의 저항은 자살적인 위기로 몰아가는 신념의 오래된 것을 반대하는 자유정신의 반항이다. 선택된 인물에게 주어진 신념은 최고의 자유를 의미하며 그 신념은 그것에 의하여 이끌어지고 있는 대중들에게 다만 노예의 형태를 의미할 뿐이다.

타고르의 비난은 대중의 광란주의를 겨냥하고 있다. 그것은 마하트마에게 일격을 가하는 것이었다. 간디가 아무리 위대하다 할지라도 인도처럼 거대한 대의는 유일한 지도자의 의지에 의거할 수 없다. 마하트마는 진리와 사랑의 주인이지만 스와라지, 즉 자치(自治)의 획득은 대단히 복잡한 것이다.

『그 도정을 개척하는 데는 무수한 복잡함과 어려움이 따른다. 감정과 흥분이 요구되고 있지만 또한 과학과 명상도 필요한 것이다. 국가의 모든 도덕적 위력이 반드시 요청된다. 경제학자들은 꼭 실제적인 해결책을 발견해야 하고, 교육자들은 반드시 올바르게 가르쳐야 하며 정치가는 사고(思考)해야 하고, 노동자는 노동을 해야 한다……어느 곳에서나 배움에 대한 욕망은 자유롭고 방해받지 않아야 한다. 공개적으로든 비공개적으로든 지성은 결코 압력으로 억누르지 못한다.』

『아주 오랜 옛날에 원시적인 숲 속에서 우리의 성인들인 구우루우(敎道師)는 풍부한 명상에서 진리를 찾는 모든 사람들을 불렀다. 우리를 행동으로 인도하고자 원하는 우리의 구우루우는 동일한 호소를 하지 않는가?』

라고 타고르는 물었다. 그러나 여태까지는 간디 교도사가 시작한 유일한 명령이, 『물레질을 하라』는 것이었다. 그리고,

　『이것이 창조적인 시대의 새로운 사도란 말인가? 만약 거대한 기계가 서구에 대해서 위험한 것이라면 작은 기구는 우리에게 더 크게 위험하지 않겠는가?』

하고 타고르는 물었다.

한 국가의 위력은 국민 상호간뿐만 아니라 타국가들과도 협조해야 한다. 『인도의 각성은 세계의 각성에 열중한다. 스스로 쇄국하고자 노력하는 모든 국가는 새로운 시대정신에 위배된다.』

그리고 유럽에서 몇 년 동안 체재했던 타고르는 그가 만난 몇 지성인들에게 「인간애(人間愛)에 봉사하기 위해서 민족주의의 쇠사슬로부터 그들의 마음을 자유롭게 하는 인간」에 대해서 이야기했다. 그리고 그가 그들을 사냐시인(苦行者)들 가운데서 분류한 것이 「그들의 정신 속에서 인간의 통합을 실현했던 자들인」 것이다.4)

---

4) 인간의 통합을 위해서 개인 생활을 버렸던 사람들.

그리고 인도만이 부정적이어야 하며 타국가의 과오 위에 영원히 살아야 하며 증오에 근거를 두고 스와라지를 위하여 노력해야만 할 것인가 라고 타고르는 묻는 것이었다.

새가 새벽에 깨어나면 단지 먹이만을 생각하지는 않는다. 새의 날개는 하늘의 부름에 호응한다. 새의 목은 밝아 오는 새날을 맞이하고자 즐거운 노래들로 가득찬다.

새로운 인간성은 그의 부름을 보냈다. 인도여, 인도 자신의 방법으로 응답하자!

『해가 떠오를 때 우리의 첫 의무는 사람이나 계층 혹은 색깔로는 구별할 수 없는 여러 가지 권능에 의해서 모든 사람들에게 필요한 것을 마련해 주는 신을 기억하는 일이다. 우리에게 지혜를 주고 우리 모두를 이해로 단합시켜주는 신에게 기도하자.』5)

조국에 보낸 타고르의 가장 아름답고 고귀한 말은 인간의 투쟁을 넘어선 햇빛과 대지의 시(詩)인 것이다. 그리고 사람이 비평하기에는 그 시들이 너무도 고귀하다.

타고르는 영원의 견해에서 볼 때 정당하다. 하이네가 음악의 거장을 부른 것처럼 독수리만한 크기의 종달새 시인은 시간의 폐허 위에 앉아서 노래한다.

---

5) 우파니사드의 첫 구절을 쉽게 고쳐 쓴 것.

그는 영원 속에 산다. 그러나 현재의 요구는 긴급한 것이다. 지나가는 시간은 불완전하지만 즉각적인 구조를 요청한다. 그리고 그것에 대해서 왁자지껄한다. 그리고 이 점에서 타고르의 시적인 섬광을 결여하고 있는(혹은 아마도 상속권을 박탈당한 자들과 같이 살기 위하여 그것을 포기했는지도 모를 연민의 보디사트바처럼) 간디는 응답하는 데 있어서 어린이의 놀이를 찾는다.

간디가 타고르에게 보낸 회답은 토론에서 보여주었던 것보다 더욱 정열적이었다. 1921년 10월 13일 ≪영 인디아≫에 그의 감격적인 응답이 게재되었다. 간디는 「위대한 파수」라는 제목에서 인도가 함정 속으로 빠지는 것을 경고해 준 데 대해서 감사해했다. 그는 가장 본질적인 것은 자유정신의 유지라는 견해에 있어서 타고르와 일치하였다.

"우리는 우리의 이성을 어느 누구의 관리로 넘겨주어서도 안 된다. 사랑에 대한 맹목적인 굴종은 폭군의 채찍질에 강요된 복종보다 때때로 더 유해하다. 폭군의 노예에게는 희망이 있지만 사랑의 노예에게는 희망이 없기 때문이다."

타고르는 편협·혼수·불관용·무지와 우둔함이라 부르는 적들의 호소를 경고하는 파수대였다. 그러나 간디는 타고르의 불안을 정당화했다고 느끼지 못했다.

마하트마는 항상 이성에 호소한다. 인도가 오직 맹목적인 복종에 의해서 움직여지고 있다는 것은 사실과 다르다. 만약 인도가 물레질을 채택하기로 결정했다면 이것은 신중한 반응 뒤에 행하여진 것이었다.

타고르는 인내를 역설하였고 아름다운 노래에 만족하였다. 그러나 전쟁이 있다. 시인은 그의 라이어(거문고의 일종)를 내려놓아라. 전쟁이 끝나면 그로 하여금 노래를 부르도록 하라.

한 집이 불이 타고 있을 때는 모두 밖으로 나가서 물통을 들고 불을 꺼야 한다.

"나의 주위에 있는 모든 사람들이 식량 부족으로 아사 지경에 이를 때 나에게 주어지는 유일한 능력은 굶주림을 당하는 사람들을 부양하는 것이다. 인도는 불타고 있는 집이다. 생계를 유지할 일자리가 없기 때문에 굶주림으로 죽어가는 상태이다.

쿠르나 지역은 아사 지경에 있다. 양도된 지역들은 연속적으로 네 번째의 기근을 당하고 있다. 오리사 주는 주기적인 기근으로 고통을 받고 있는 곳이다. 인도는 나날이 더욱더 가난해지기만 한다.

인도가 자립할 수 있는 원활한 활동은 거의 중지되었

다. 그리고 만약 우리가 심혈을 기울이지 않는다면 인도는 모두 붕괴될 것이다. 굶주리고 게으른 사람에게는 노동과 임금(賃金)으로 식량을 약속받는 형태만이 유일한 방접이다.

신은 인간이 식량을 위해 일하도록 창조하였고 일하지 않는 자들을 도둑이라 부르게 했다. 우리는 오늘날 거의 기아에 허덕이는 동물보다 못한 수백 만 인도인을 반드시 생각해야 한다.

시인은 미래를 위해서 살고 우리들에게도 그렇게 하도록 권한다. 그는 우리가 존경하여 바라보면 이른 아침에 새들의 아름다운 모습과 그 새들이 높이 떠올라 찬미의 노래를 부르는 것을 보여 준다. 새들은 그들의 먹이를 가지고 있고 그들의 혈관 속에 전날 밤 흘러내린 새로운 피가 쉬고 있는 두 날개로 하늘 높이 오른다.

그러나 나는 강력함의 결여 때문에 그 날개의 펄럭임 속에서까지도 오를 수 없는 새들을 주시해야 하는 고통이 있었다. 인도라는 하늘 아래 인간이라는 새는 그가 은퇴하려고 할 때보다 더욱 약해지기만 하는 것이다. 수백만에 대해 그것은 영원한 철야이거나 혹은 영원한 황홀경이다. 나는 고통스런 환자들을 카비르의 시로 위로한다는 것이 불가능하다는 것을 알았다.

그들이 먹을 수 있도록 하기 위해서 그들에게 일자리

를 주어라. 『식량을 위해서 일할 필요가 없는 내가 왜 물레질을 해야만 하는가?』라는 질문을 받을는지 모른다. 나는 나의 동족의 약탈로 살아가고 있다. 여러분들의 호주머니 속에 있는 모든 돈의 출처를 조사해 보아라. 그러면 여러분들은 내가 쓰고 있는 글의 진리를 깨닫게 될 것이다.

모든 사람들은 반드시 물레질을 해야 한다. 타고르도 다른 사람처럼 물레질을 하라. 그로 하여금 외국제 의류를 불태우도록 하라. 그것만이 현재 우리들의 의무이다. 신은 내일을 위해 돌보아 줄 것이다. 《기타》에 씌어진 것과 같이 의(義)를 행하라."

이 침울하고 비장한 말들! 여기에 기교와 『감히 내 존재를 부정하다니!』라는 외침의 꿈 앞에서 증대되는 세계의 비극이 있다. 어느 누가 간디의 정열적인 감정에 동정하지 않으며 그것을 함께 나누고자 하지 않겠는가? 그러나 그의 자부심을 가진 날카로운 대답 속에서도 -대의의 긴급한 규율에 복종하도록 요구하는 사람들에게 조용히 할 것을 강요하는 타고르의 불안을 정당화하는 무엇인가가 있었다. 토의하지 말고 스와데시의 법칙에 복종하라. 그 법칙의 제1명제는 물레질이다.

인간의 투쟁에서 규율이 의무라는 것은 명백하다. 그러나 불행하게도 이 규율을 지키도록 위임받은 자들인 간디 추종자들의 편협한 마음가짐을 지적할 수도 있다. 그들은 이상 자체를 위한 이상을 성취하기 위하여 선택된 규율을 잘못 행할는지 모른다.

규율은 그 엄격성 때문에 그들을 열광하게 한다. 왜냐하면 그들은 편협한 도정(道程)에서만 용이하게 느끼는 부류들이기 때문이다. 그들은 스와데시를 본질적인 것으로서 목적에 대한 수단이 아닌 그 자체로서 바라보았다.

그들의 눈에는 그것이 거의 신성한 성격을 가지고 있는 것으로 보였다. 애마다아바아드에 있는 사바르마티의 사탸그라하 아시람 중앙에서 가장 가까운 학교 교수로서 간디의 제자인 D.B.칼레카르씨는 《스와데시의 사도》라는 책을 썼다. 간디는 그 머리말에서 그의 찬성으로 도장을 찍었다. 이 작은 책자는 거리에 있는 사람들을 위해서 씌어졌다. 순수한 이념의 원천에서 그들의 가르침을 받은 대로 그 신조를 시험해 보자.

"이제 신이 세상을 구하기 위해서 지상에 나타났다. 그의 구현은 반드시 인간의 형태로 이어야 할 필요는 없다. 그는 추상적인 원리 혹은 세계를 향상시키는 이상 속에서 선언할 수도 있다. 그의 최근 구현은 《스와데시의 사도》에 있다."

그 사도는 만약 스와데시가 오직 외국 제품의 거부만을 뜻하는 것으로 해석된다면 이 진술은 웃음을 야기할 것임을 깨달았다.

이것은 「세상에서 투쟁과 증오를 제거하고 인간성을 해방하고자 하는 거대한 종교적인 원리를 가진」 스와데시의 부분적인 적응일 뿐이다. 그 본질은 인도 경전들 속에서 찾을 수 있다.

"너 자신의 종교적 다르마는 말하자면 너 자신의 종교적 운명 혹은 구원, 불완전하지만 최상의 것이다. 네가 하려고 하는 다르마의 이행에는 항상 위험이 따르고 있다. 그에게 맡겨진 일을 수행하는 자만이 행복을 획득할 수 있다."

스와데시의 기본적 법칙은 영원히 세계의 행복을 마련한 신에 대한 신념에서 유래한 것이다. 그러므로 신은 그의 과업을 수행하는 데 가장 적합한 환경 속에 각 인간을 배치하는 것이다. 한 인간의 활동과 그의 포부는 세계에서 그의 신분에 적합해야만 한다.

우리는 우리의 태생, 가족 혹은 국가보다 더한 문화를 선택할 수 없다. 우리는 신이 우리에게 준 것은 무엇이든 받아들여야 한다. 우리는 신에게서 유래된 전통을 반드시 받아들여야 하고 그 전통에 따라 생활해야 할 의무가 있으며 그 전통을 고려해야 한다. 전통을 포기한다는 것은 죄악이 될 것이다.

이 전제는 한 국가의 국민들은 자신과 관련을 갖는 것이 아니고 타국가와 관련을 갖는다는 것을 따른다.

"스와데시를 따르는 자는 세계를 개혁하기 위한 노력의 공허한 과제는 결코 택하지 않는다. 그는 세계가 신에 의해서 정해진 규율에 따라 움직여지고 있으며 항상 움직여질 것임을 믿고 있기 때문이다. 한 국가의 국민이 타국가의 국민의 필요를 위하여 심지어는 박애주의적인 이유로 인해서 마련될 것이라는 기대를 해서는 안 된다. 그리고 그것이 가능하다 해도 바람직한 것은 못된다.

스와데시의 진실한 추종자는 모든 인간이 그의 형제임을 잊지는 않으나 그에게 내려진 특별한 환경에서 과업을 수행하는 것이 그의 의무이다. 우리가 태어난 이 세기에 우리의 구원을 위하여 반드시 일해야 하는 것처럼 우리는 태어난 국가에 반드시 봉사해야만 한다. 우리의 정신 해방은 반드시 종교와 우리 자신의 문화를 통해서 추구되어야 한다."

그러나 한 국가에 있어서 상업과 산업 자원들을 발전시키기 위하여 모든 기회를 이용해야 한다는 것이 용납될 수 있는가? 사실상 그렇지 않다. 인도의 제조업을 발전시키고자 하는 가치 없는 야망은 국민들로 하여금 그들의 다르마를 어기도록 요구하는 행위인 것이다.

타국의 생산물을 수입하는 것만큼 한 국가의 생산품을 수출하는 것은 죄악이다. "개종자(改宗者)는 스와데시의 정신에 반발하기 때문이다." 서구인을 보다 놀라게 했던 이 이론의 논리적 결론은 이상(理想)만큼 상품을 수출한다는 것도 죄악이라는 것이다. 만약 인도가 말할 수 없는 모욕을 당한 역사가 있다면 그것은 고대의 이집트나 로마와 무역을 행하였던 선조의 죄악에 대하여 후세대가 치러야 할 당연한 일인 것이다.

모든 국가, 모든 계층은 자신의 의무에 충실해야 하며 자신의 자원 위에서 살아야 하고 자신의 전통에 의해서 영감을 받아야 한다.

"우리는 사회적 관습이 다른 사람들과 친밀해지려고 하지 말아야 한다. 우리는 우리와 다른 이상을 가진 사람들이나 민족들과 어울려 살아서는 안 된다. 모든 사람은 각각 하나의 개울이다. 모든 국가는 각각 하나의 강인 것이다. 그들이 모두 섞이게 될 구원의 바다에 도달할 때까지 깨끗하고 순수하게 그들의 길을 가야만 한다."

이것은 민족주의의 승리 이외의 무엇이란 말인가? 가장 편협한 자들과 가장 불결하지 않은 자란 말인가? 집에 틀어박혀서 문을 꼭 닫고 아무것도 하지 않은 채 모든 것을 그대로 유지하며, 아무것도 수출하지 말고, 아무것도 사지 말고 몸과 마음을 향상시키고 순수하게 하라. 그 사도는 실제로 중세의 수도사이다.6)

그리하여 마음이 넓고 너그러운 간디는 그의 이름을 그것과 관련시켰다.

반동적인 민족주의의 이와 같은 공상가들을 만났을 때 타고르의 당황함을 이해할 수 있다. 수세기의 행진을 역전하고 자유로운 정신을 새장에 가두고 서구와 교환하는 모든 가교를 불태우고자 하는 이러한 사도들 때문에 타고르가 대경실색한 것은 사실이었다.7)

---

6) 이 사도 속에서 위대한 도덕력과 미에 대해서 서술하였다. 복수심을 자극하지 마라. "지나가는 것은 지나가는 것이다. 과거는 돌이킬 수 없다. 그것은 영원의 부분이고 인간은 그 부분에 대하여 의지할 수 없다. 과거의 부정과 공격에 대하여 처벌로서 보복하도록 자극하지 마라. 죽은 과거는 죽은 그대로 묻어버려라. 살아있는 현재, 심장 내부와 하늘의 신 속에서 행동하라" 빙하의 냉철한 순수성은 한 끝에서 다른 끝까지 책을 통해서 불어온다.

7) 타고르는 간디의 아시람과 자신의 산티니케탄 간에 일종의 경쟁이 일어난 이래 그와 같은 논제에 특히 민감하였다. 두 사람은 이러한 경쟁을 완화하려고 노력했다.

  1922년 2월 ≪영 인디아≫에 게재된 한 논제에서 간디는 한 언론인이 그의 아시람이 타고르의 산티니케탄에 대해 비난했다는 잘못 인용된 사실을 불평했다. 간디는 타고르의 산티니케탄에 대한 사실 문제로서 간디의 교의는 그와 같은 종류의 내용을 포함하지 않았다. 그가 타고르에게 보낸 회답에서 볼 수 있는 것처럼 『스와데시는 세계를 향한 메시지이다.』 세계는 존재한다. 따라서 간디는 그것을 고려하여 개종하기를 거절하지 않았다.

"비협력은 영국이나 서구에 반대하여 나가는 것이 아니다. 우리의 비협력은 물질문명과 그 문명의 부수적인 탐욕과 약자들의 착취에 반대하여 나가는 것이다."

라고 그는 말했다. 다른 말로 표현하면 그것은 서구의 과오들과 투쟁하는 것이므로 서구에 대해서도 도움이 될 것이다.

『우리의 비협력은 우리의 내부에서 은퇴하는 것이다.』 일시적인 은퇴는 인도로 하여금 인간성에 봉사하기 위해서 그의 위력을 집합하게 할 수 있다. 『인도는 인류를 위하여 목숨을 바치고자 할 수 있기 이전에 삶을 배워야 한다.』

존경을 표시했고 만약 그가 한 학교가 다른 학교에 대해서 우월하다고 결정해야 한다면 그는 아시람의 규율에도 불구하고 산티니케탄을 지적할 것이다. 산티니케탄은 오래된 형(型)이고 연륜과 현명함에 있어서 완숙(完熟)하였다. 그러나 간디는 말한다. 「산티니케탄의 제자들이여, 작은 아시람이 성장하고 있음을 인식하라!"

간디는 모든 인간이 집착하고 있는 바의 건전한 이상을 마련한 유럽과 협력하는 것을 금지하지 않았다.

간디의 참된 주의는 사도에서 표현했던 것보다 넓고 보다 더 인간적이고 우주적이다.8) 왜 간디는 자기의 이름을 이 사도에게 빌려주었는가? 왜 그는 전 세계를 위한 훌륭한 이상과 메시지를 인도의 신성주의의 편협한 속박 안에 감금하도록 했던가?

제자들을 의식하라. 그들이 더욱더 순수해질수록 그들은 더욱더 유해(有害))하게 된다. 신은 그의 이상의 부분을 이해하는 친우로부터 위대한 사람을 보존하는 것이다. 그들은 그것을 편찬하는 도중에 그의 생동하는 영혼의 진실한 축복인 조화를 파괴한다.

그러나 이것은 모두 그렇지 않다. 간디 곁에 살고 있는 제자들이 적어도 그의 정신에 의하여 조금씩 변하여 가는 동안 그의 제자들과 타인들, 그의 주의가 단지 막연하고 부

---

8) 나의 생각으로는 간디는 타고르처럼 우주적이지만 방법이 다를 뿐이다. 간디는 종교적인 감정에 있어서 우주적이고 타고르는 지적(知的))으로 우주적이다. 간디는 최초의 사도들이 유태인과 이방인 간에 차이를 두지 않았던 것처럼 기도회와 매일의 과제에서 어떤 사람도 배척하지 않았지만 두 사람 위에 동일한 도덕적 규율을 강요했다. 이것이 간디가의 소원이었는데 여기에 그의 편협성이 있으며 예수의 마음처럼 광활한 그의 마음속에 있는 것이 아니고 지적인 금욕주의와 포기 정신에 있었던 것이다(그리고 이것은 또한 예수적인 것이다.) 간디는 중세시대의 우주적인 위인이다. 그를 존경하는 동안 우리는 타고르를 이해하고 인정할 수 있다.

서진 메아리처럼 대중들에게 오는 것은 어떠한가? 그들은 정신의 순수화와 창조적인 포기의 사도에 어떻게 전념할 것인가?

불행히도 그 주의는 그들에게 가장 초보적이고 물질적인 형태로 나타났는데 물레질을 행함으로써 스와라지 자치(自治)의 출현을 기다리는 일종의 메시아의 속에 나타난다. 이것은 모든 진보의 부정이다. 타고르는 놀랐으며 비폭력 사도의 폭력에 이유가 있고 간디조차도 절대로 그 분위기에서 자유로울 수 없다.

간디는, 만약 그가 영국인을 증오한다면 그 분야에서 물러날 것이라고 말하였다. 「사탄을 사랑하는 동안에도 사탄 주의를 증오하는 것처럼」 인간이 그들의 행위를 미워하는 동안에도 적들을 사랑해야 하기 때문이다. 그러나 그 뜻은 일반인들이 이해하기에는 너무도 미묘한 것이다.

국민회의파의 전당대회 때마다 지도자들은 영국의 죄악과 배신에 대하여 과격한 웅변으로 역설하며 분노와 원한이 분류 뒤에 거듭 쌓였다. 그러므로 그 분류가 언제 터지는가를 주시하라.

간디는 1921년 8월 봄베이에서 귀중한 물품을 소각하도록 제창한 이유를 설명하면서 타고르의 친우인 앤드루스에게 「그가 인간으로부터 사물로 증오를 바꾼다고 말하였을 때 대중의 광포가 충동적으로 집합되고 본능적으로 이것은 물건이 첫째이고 인간은 다음」이라는 것에 집약됨을 그는 인식하지 못했던 것이다.

이런 방법으로 봄베이에서 3개월 이내에 인간을 살해하는 사태가 벌어지리라는 것을 예측하지 못했다. 간디는 너무도 성자적(聖者的)이었고 순수하였으며 인간 내부를 지배하는 동물적 욕정에서 벗어나 있었다.

그들은 간디가 국민 내부에 존재하며 그의 말에 열중케 하고 그들 위에 번영하리라는 것을 꿈꾸지 않았다. 보다 명확한 안목을 가진 타고르는 비협력 운동자들이 순진하게 유럽의 죄악을 폭로하고 비폭력을 주장하면서 동시에 폭력을 유발하는 요소를 대중의 마음속에 심어나가고 있다는 위험을 인식했던 것이다.

그러나 그들은 이 사실을 인식하지 못했고 이 사도들의 마음속에 증오로부터 자유로울 수 있다는 것을 알지 못했다. 그러나 인간을 행동으로 이끌어가는 자는 그 자신이 아닌 다른 사람의 심장의 고동을 들을 줄 알아야 한다.

폭도들을 주시하라. 간디의 도덕적 교훈은 폭도들을 억제할 수 없을 것이다. 아마도 그 경향이 거칠게 흘러가는 것을 방지하고 마하트마의 엄격한 규율을 유연하게 하는 유일한 방법은 시리 크리시나처럼 그를 승화된 신의 위치에 두는 것이다. 그러나 간디의 진실성과 겸손은 이와 같은 역할을 하는 것을 금지한다.

그리고 나서 노호(怒號)하는 인간의 대양 위에 계획하는 것은 오직 한 사람의 가장 순수한 유일한 음성으로 남게 된다. 그것은 얼마나 오랫동안 들려올 것인가? 장엄하고 비극적인 기다림이여!

제 3 부

I

1921년에 비협력 운동은 급속히 전개되었다. 이 1년 은 기대와 불확실성, 폭력적인 폭동의 한 해였다. 간디는 불가피하게 그 진동(振動)에 참가했다.

적의감이 오랫동안 성장되어 왔고 그 감정은 정부의 잔악한 억압 정책에 공개적인 반동을 일으켰다. 나시크 지역의 말레가온과 비하아르의 기리디에서 폭동이 일어났다. 1921년 5월 초 아샘에서 심각한 충돌이 있었다. 차 재배 농원에서는 1만2천 명의 노동자들이 일을 중지했고 정부에서 고용한 구르카들에게 공격을 당했으며 동부 벵골에서는 철도와 기선(汽船)에서 일하는 노동자들이 항의하여 2개월간의 동맹파업을 단행했다.

간디는 그의 권위로 비등(沸騰)하는 사태를 가라앉히느라 전력을 다했다. 5월에 그는 총독 리딩 경과 긴 대화를 했고, 그들의 선동적인 연설이 폭력을 자극한다고 알려진 알리 형제에게도 그의 영향력을 미치게 하였다. 간디는 친한 회교도 벗들에게 직접 혹은 간접적으로 폭력을 주장하는 것을 절제하도록 촉구했다.

어쨌든 비협력 운동은 시간의 흐름에 따라 더욱더 커지고 강해졌다. 특히 회교도들이 대담하게 나왔다. 예를 들면 7월 8일 카라치에서 전 인도 킬라파트 회의가 회교도의 요구를 반복한 뒤 회교도들은 영국군에 봉사, 혹은 징집에 협조하지 않을 것을 선언했다.

실제로 그 회의에서까지도 인도는 공화국을 선포해야 한다고 위협할 지경에 이르렀으며 만약 정부가 앙고라의 지도자들에 대하여 적대적 태도를 바꾸지 않는다면 국민회의파의 12월 전당대회에서 시민 불복종 운동을 선포하겠다는 데까지 이르렀다. 6월 28일 봄베이에서 개최된 국민회의파의 상임 위원회에서는 웨일즈 공(公)의 방문이 발표되자 그를 보이콧하겠다고 결정했으며, 9월 30일 이전에 효력을 발생하기 위해서 전 외국 제품을 거부하겠다고 선언하였다.

이 위원회는 전국적으로 물레질을 강력히 실시하고 규율화할 조처를 택하였고 정부가 주류 판매업자들을 지지함에도 불구하고 음주의 악습에 반대하는 보다 강력한 운동의 조직을 촉구하였다. 킬라파트 회의의 회교도보다 덜 대담하긴 했지만 상임 위원회는 혁명적인 경향을 거부하였고 시민 불복종 운동을 승인하지 않았으며 비폭력의 이념에 따라 보다 분투적인 선전에 찬성하였던 것이다.

8월에 모플라의 잔인한 반란이 일어나 몇 개월 동안 계속되었다. 마울나 모하멧 알리와 함께 간디는 캘커타로부터 말라바르에 가서 그 반란을 진압시키기로 결정했다. 그러나 정부는 형제인 마울라나 모하멧 알리와 마울라나 샤우카트 알리, 그리고 다른 회교도 지도자들을 체포하여 그들을 킬라파트 회의에서 시민 불복종 운동에 찬성했다는 이유로 기소했다.

알리 형제가 체포되었다는 소식에 접하자 델리에서 개최된 킬라파트 중앙회의는 만장일치로 킬라파트 회의의 결의를 수정하였다. 인도 전역에서 거행된 수백 건의 시위는 그들에 대한 국민들의 승인을 확인하였다.

10월 4일에 간디는 그의 대의가 회교도와 밀접한 관계가 있다는 그의 생각을 발표했다. 전 인도 국민회의파의 지도적인 50명 회원에 의해 승인된 선언서에서 간디는 모든 시민은 비협력에 대한 그의 견해를 표현할 수 있게 하고 시민이든 군인이든 인도의 도덕적·정치적·경제적 악화를 가져온 정부에 봉사하지 못하도록 부가하는 선언을 했다.

그는 정부에 대한 비협력이 지상 의무라고 규정하였다. 알리 형제의 공판은 카라치에서 거행되었다. 그들은 동료들과 더불어 2년의 금고형(禁錮刑)을 선고 받았다.

이 선고에 대해서 인도는 배가된 정력으로 대응하였다. 간디의 선언은 11월 4일 델리에서 전 인도 국민회의파의 상임 위원회에서 수정되었다. 그러나 주사위는 이미 던져졌으므로 위원회는 모든 주에 주 자신의 책임 아래 시민 불복종 운동을 선언하고 납세 거부 운동을 시작할 것을 위임하였다.

그렇지만 항쟁자들을 먼저 물레질과 비폭력의 선서를 포함하여 스와데시 계획에 완전히 복종할 것을 맹세하였다. 이를테면 간디의 지도 아래 위원회는 규율과 희생정신으로 정부에 반항하는 힘을 결합하고자 노력했던 것이다.

이 운동의 공평한 성격을 명백히 하기 위해 항쟁자들에게 그들이나 혹은 그들의 가정이 위원회로부터 재정적 원조를 받을 수 없을 것이라고 통고했다.

거대한 불복종 운동이 11월 17일 웨일즈 공이 봄베이에 도착하자마자 효력을 발생했다. 보이콧은 하층 계층과 중산 계층에 의해서 수행되었다. 그러나 부유층인 파리시이인들과 관리들은 이 명령을 완전히 무시했다.

그들의 태도가 대중들에게 분격을 사서 대중은 부유층 집에 몰려들어 가정과 재산을 약탈했으며 한 사람도 남김없이 심지어는 부녀자들까지도 약탈해 갔다. 많은 사람들이 살해되었고 상해를 입었다.

이 불상사가 유일한 폭력의 경우였다. 전 인도에 걸쳐서 앞서 기술한 하르탈이 거의 종교적인 정적(靜寂)과 질서 속에서 행하여졌다. 거기에는 어떤 종류의 혼란도 없었다. 그러나 봄베이의 폭동 소식은 간디에게 마치 화살이 그의 가슴을 쏜 것처럼 상처를 주었다.

그는 이 소식에 접하자마자 그곳으로 달려갔다. 폭도들이 그를 환영하자 그는 굴욕감 때문에 더 이상 참을 수 없었다. 그는 군중들에게 화를 내며 질서를 유지할 것을 호소하였고 해산을 명령하였다. 그는 파리시이인들이 원한다면 웨일즈 공의 도착을 축하하는 것은 정당한 것이며 어떠한 사태에 직면해도 폭력은 정당화될 수 없다고 선언하였다.

군중은 간디의 말에 조용히 귀를 기울였지만 다시 소동이 일어나고 말았다. 가장 악착스런 요소들이 갑자기 지하에서 나타나는 것처럼 광포와 증오로 들끓는 20만 군중의 아우성은 땅을 뒤흔들었으며, 군중이 이성을 되찾는 데에는 시간이 필요하였던 것이다.

이때까지 폭도들은 어느 지역에서는 국지화된 채 머물러 있었는데 그로 인한 파괴는 유럽에서 가장 보잘것없는 혁명적인 폭발로 행하여진 파괴의 크기에 비하면 반 정도도 못되었다.

그러나 간디는 봄베이 시민과 비협력 운동자에게 고뇌에 찬 호소를 하였고 이러한 모든 사건은 대중이 아직도 시민 불복종에 익숙하지 못하였음을 증명하는 것이라고 선언했다. 그는 운동을 중지시켰다. 추종자들의 폭력에 대한 죄책감 때문에 그는 매주일 20시간 종교적 단식을 행하였다.

인도에 있는 서구인들은 고요한 하르탈의 엄청난 정적의

상태보다는 봄베이의 폭동에 대해서 별로 적극적인 경악을 나타내지 않았다. 그들은 총독과 정부에 강력한 조처를 취하도록 촉구하였으며 일련의 억압적인 조처가 여러 주에서 행하여졌다.

1908년의 반란에서 시작된 무정부주의자의 비밀 단체에 목적을 둔 구법률이 부활되어 국민회의파와 킬라파트의 자원 단체들에게 강요할 목적으로 쓰였다. 따라서 수천 명이 체포되었는데 그 당시 국민회의파에 의해 훈련을 받던 지원자들이 그 피해를 받게 되었다.

그동안 웨일즈 공이 캘커타를 방문한 12월 24일에 하르탈이 계획되었다. 그날 웨일즈 공은 완전히 사막과 같이 된 정적의 도시를 통과했다.

혁명은 도처에서 누적되어 국민회의파가 애마다아바아드에서 개최될 때 불꽃으로 터질 준비가 되었던 것처럼 보였다. 1789년 프랑스 대혁명 전야와 같은 감명적인 제전이 있었다. 국민회의파 의장은 곧 투옥되었다. 토론은 간단명료했다. 국민회의파는 다시 비협력의 신념을 선언하였고 모든 시민들에게 자원대로서 등록하고 체포될 준비를 하라고 촉구하였다. 또한 국민 회의파는 국민들에게 어디서나 대중 집회를 조직하도록 촉구하였다.

시민 불복종 운동은 무기와 동등하게 효율적이고 무장 봉기보다 인간적이라는 견해를 표시한 후에 국민회의파는 대중들이 비폭력의 진정한 정신을 파악하자마자 시민 불복종 운동을 채택하기로 동의하였다.

많은 지도자급 회원들이 전당대회의 지시에 체포될 것을 인식한 후 국민회의파는 전권을 간디에게 위임하고 또 그의 계승자를 임명할 것도 위임하였다. 이것은 간디를 인도 정책의 총지배자로 만들었다. 국민회의파는 단 한 가지 사항만을 제한하였는데 그가 민족의 신조를 변경하지 않거나 국민회의파의 상임 위원회의 동의 없이 정부와 평화 협정을 체결해서는 안 된다는 데 동의해야 한다는 것이었다.

이 위원회의 일파는 인도의 독립을 성취하기 위해서 필요하다면 폭력을 승인하는 결의안을 통과시키려고 노력했지만 이 결의안은 간디주의의 따르는 대다수 인물들에 의해 부결되었다.

몇 주일 동안 계속해서 종교적 열광이 인도를 휩쓸었다. 20만 명의 남녀 군중이 기꺼이 투옥되었다. 그리고 그들의 배후에서는 인도의 대의에 대한 그들의 신념을 증명하기 위한 준비에 몰입하였다.

Ⅱ

간디는 인도가 시민 불복종 운동을 대대적으로 행할 수 있을 만큼 성숙하였다고 다시 믿게 되었다. 그 신호로 봄베이 주에 있는 바르돌리를 모범 지역으로 선정하였다.[1] 여기에서 간디의 이상은 항상 이해되었고 추종되어 왔다.

1922년 2월 9일자 총독에게 보낸 공개편지에서 간디는 그의 계획을 설명하였다. 그 편지는 정중하지만 명백한 선전포고였다. 간디는 자신이 비협력 운동의 지도자이며 그 운동에 책임이 있다고 주장했다. 바르돌리는 언론과 집회와 표현의 자유를 잔인하게 억압했던 정부에 반항하는 비폭력 대중의 첫 단합이었다.

간디는 리딩 경에게 정책의 변경을 발표하도록 7일 간의 여유를 주었다. 만약 총독이 믿을 수 없을 만큼 단순한 문제들만으로써 기대에 어긋날 때에는 시민 불복종 운동이 다시 선언될 것이다.[2] 총독에게 편지가 발송되자마자 다른

---

1) 바르돌리 지역에는 140개의 촌락이 있으며 주민은 8만 7천 명이다.

어느 때보다 더 폭력적인 소동이 발생했다. 고라크 푸르 지역의 차우리차우라에서 행렬이 진행되었고 그 행렬이 통과한 뒤 몇몇 낙오자들이 경찰에 의해 방해를 받고 모욕당했다.

폭도들에게서 공격을 받은 경찰은 발포했다. 따라서 그들은 총알을 다 써버리자 안전을 위해 타나 경찰지서로 후퇴하였다. 폭도들은 타나를 불사르고 말았다. 포위된 경찰이 자비를 구했으나 허사였다. 그들은 무자비하게 학살되고 불타버렸다.

이 참극(慘劇)의 원인은 경찰에 있었고 비협력 운동자들은 맨손으로만 공격할 따름이었으므로 간디는 폭행에 대한 책임이 없음을 정당화할 수 있었을 것이다. 그러나 그는 실제로 인도의 양심이 되었다. 그들 국민의 단하나의 범죄가 가슴에 사무쳤다. 그는 국민의 모든 죄악에 대해서 스스로 책임을 졌다. 그는 그 순간의 격돌에 공포를 느꼈고 제2차로 그가 갓 시작했던 시민 불복종 운동을 정지시켰다.

사태는 봄베이 폭동 때보다 더 광범위하게 복잡했으며 그가 총독에게 최후통첩을 보내기 며칠 전에 있었던 일이다. 그는 그의 계획이 비논리적이고 심지어는 조소받는 것처럼 보이지 않게 하고 그것을 어떻게 취소할 수 있게 할까? 하

---

2) 같은 날짜의 ≪영 인디아≫에서 말한 것은 더욱 명백하다. 만약 총독이 회답하지 않는다면 시민 불복종 운동은 대다수의 의지에 반대된다고 할지라도 선언될 것이다.

고 자문했다.

사탄이 그것을 방해하였다. 사탄의 음성은 자만의 음성이었음을 인식한 뒤 그는 그 선언서를 취소하기로 결정했던 것이다.

그리고 1922년 2월 16일에 ≪영 인디아≫에 여태까지 기고(寄稿)한 것 중 가장 훌륭한 인간적인 글이 돋보였다. 그것은 간디의 「나의 탓」이라는 공개적인 고백이었다. 그의 깊은 고행에서 나온 감사의 말이 그의 입술에 넘쳐흘렀으며 그를 겸손하게 했던 신에게 감사하는 말로 가득 차 있었다.

"신은 나에게 풍부한 친절을 베풀어 주었다. 그는 세 번이나 나에게 인도에서는 시민 불복종 운동을 정당화할 수 있는 진실한 비폭력의 분위기가 아직 오지 않았다고 경고했다. 이미 기술한 대로 시민이란 부드럽고 진실하고 겸손해야 하며 결코 죄악을 저지르고 증오심을 가져서는 안 된다.

그는 1919년 로왈라트 법령에 반대하는 운동을 시작했을 때 나에게 경고하였다. 애마다아바아드, 비람브라그와 케다는 과오를 저질렀다. 나는 신과 사람 앞에서 나 자신을 낮추었으며 단순히 대중적 시민 불복종 운동이 아닌 나 자신의 운동까지도 중지했던, 그것을 히말라야 산맥의 오산(誤算)이라고 불렀던 나의 발자취를 회고하였다.

다음에는 봄베이 사건을 통해서 신은 나에게 무서운 경고를 내렸다. 그는 나에게 명백한 증거를 보여 주었다. 나는 바르돌리에서 갓 시작했던 시민 불복종 운동을 중지할 의도를 발표했다. 그 굴욕은 1919년의 것보다 더 훌륭했다. 그리고 그 결정은 나에게도 유익한 것이었으며 그것을 중지함으로써 국가에도 유익하다는 것을 나는 확신한다. 인도는 이로 말미암아 진리와 비폭력의 원리를 지켰던 것이다.

그러나 가장 잔인한 모욕은 계속해서 밀어닥쳤다. 신은 명백히 차우리차우라 사건을 통해서 말했다. 그리고 인도가 비폭력을 주장하고 비폭력의 수단을 통해서 자유의 왕관을 획득할 것을 희망했을 때 무서운 자극에 대한 회답으로서 폭도화한 폭력은 불길한 전조인 것이다.

비폭력에 의한 자치정부의 획득은 전국에서 폭력적인 요소가 비폭력에 의해서 지배된 것을 전제로 하고 있다. 비폭력의 비협력 운동자들은 인도의 폭도주의 통제가 잘 되어 갈 때에만 계속할 수 있다.”

그러므로 2월 11일 바르돌리에서 그는 국민회의파의 상임 위원회에 「의심과 고통」을 표현했던 것이다. 그들은 모두 그에게 동의하지 않았다. 그는 『아마도 인간은 사려 깊고 관대한 동료들이나 친우들로부터 결코 축복을 받지는 못했다』라고 말했다.

그들은 그의 망설임에 동정하고 그의 요구에 따라 시민 불복종 운동의 명령을 중지하는 데 동의하였다. 동시에 모든 단체들은 비폭력적 분위기를 조성하도록 노력할 것을 촉구하였다.

"나는 이 적극적인 계획 전체가 실제로 극적으로 역전을 함으로써 정치적으로는 불건전하고 현명하지 못할는지도 모르지만 종교적으로는 건전하다는 것을 의심하지 않는다.

인도의 의지는 나의 곤욕과 과오의 고백에 의해서 증진되어 왔다. 내가 주장하고자 하는 유일한 미덕은 진리와 비폭력이다.

나는 초인간적인 위력을 주장하지 않는다. 나는 그 아무것도 원하지 않는다. 나는 동포들이 입고 있는 옷과 동일한 가장 유약하고 부패하기 쉬운 육신의 옷을 입고 있다. 그러므로 다른 사람들처럼 과오를 범하기 쉽다. 나의 봉사는 지극히 제한적이었으며 불완전함에도 불구하고 신은 지금 그들에게 축복을 보냈다.

과오의 고백은 더러움을 청소하고 표면을 보다 깨끗하고 밝게 하는 빗자루와 같은 것이다. 나는 나의 고백으로 더욱 강해짐을 느낀다. 그리고 그 대의는 철회로 번영되어야 한다.

인간이 정도(正道)에서 벗어날 것을 주장한다면 그들은 결코 목적지에 도달하지 못한다. 차우리차우라가 바르돌리에 영향을 줄 수 없었다는 사실이 역설되어 왔다. 나는 그 문제에 관해서는 조금도 의심하지 않는다. 그의 견해로는 바르돌리의 주민들이 인도에서 가장 평화적이었다.

그러나 바르돌리는 인도 지도상 볼 때 가장 작은 점에 불과하다. 그 지역의 노력은 다른 지역들의 완전한 협조 없이는 성공할 수가 없다. 비소(砒素) 한 방울을 우유병 속에 떨어뜨리면 그것이 음식으로서 부적당한 것처럼 바르돌리의 온건한 시민성에 차우리차우라의 죽음이 깃든 독소가 첨가됨으로써 받아들여질 수 없음이 증명되었던 것이다.

후자(後者)는 바르돌리 못지않게 인도를 대표하고 있다. 차우리차우라는 결국 악화된 증상이었다. 시민 불복종 운동에 있어 흥분은 금물이다. 시민 불복종 운동은 무언의 고통을 준비하는 것이다. 그 효과는 보이지 않고 부드럽지만 위대하다.

차우리차우라의 비극은 실제로 지표이다. 그것은 인도가 세심한 주의를 기울이지 않는다면 쉽사리 그렇게 되어

버릴지도 모른다는 것을 보여주고 있다. 우리가 비폭력에서 폭력을 전개하지 않는다면 우리는 시급하게 우리의 조처를 취소하고 다시 평화의 분위기를 조장해야만 한다.

대중의 시민 불복종 운동이 시작되는 것과 정부의 자극에도 불구하고 평화를 유지할 수 있다고 확신할 때까지 시민 불복종 운동을 시작할 수 없다는 것은 아주 명백한 사실이다.

우리의 곤욕과 패배 속에서 박해자들을 영광되게 하자. 우리의 맹세를 부인하고 신에 반하는 죄악을 범하는 것보다는 비겁자로서 취급을 받는 편이 더 나을 것이다."

그리고 사도는 다른 사람들 때문에 피 흘리는 자들을 구원하기를 원한다.

"나는 인격의 정화를 가져와야 한다. 나는 나에 대하여 가장 가벼운 도덕적인 변화까지도 기록할 수 있는 기계의 조립공이 되어야만 한다. 나의 기도는 더욱더 진실하고 겸허해야 한다."

"식처럼 나를 정화시키는 것은 없다. 충분한 자기표현과 육신을 초월하여 영혼의 최고점에 도달하기 위하여 행하는 단식은 한 인간의 발전에 가장 강력한 요소이다.3)

그리고 그는 계속해서 5일간의 단식을 행하였다. 그는 동료들이 자신의 예를 따르기를 원치 않았다. 자기 스스로 벌을 받아야만 했다.

『나는 입원해야 할 위급한 환자를 취급해야 할 경우 에서 별로 능숙하지 못함이 증명된 한 외과 의사와 같은 불행한 위치에 놓여 있다. 나는 그 직업을 그만 두든지 보다 세련된 기술을 연마하든지 둘 중의 하나 를 택해야 한다.』

그의 단식은 참회이며, 그에 대한 처벌이고 그의 명예를 손상한 차우리차우라의 폭도들에 대한 처벌인 것이다.

간디는 그들을 위해서 고통을 당하고자 했고 동시에 그들에게 정부에 출두하여 명백한 고백을 하도록 충고했다. 왜냐하면 그들은 봉사를 의미하는 대의에 상처를 입혔기 때문이다.

"나는 이 운동이 폭력화하거나 혹은 폭력의 선구자가 되는 것을 방지하기 위해 모든 모멸과 중형, 죽음 자체까지도 감수하고자 했다."

인간이 정신적으로 진보하는 역사는 이처럼 고귀한 것으

---

3) 이 말들이 전 국민의 감정 속에 새겨진 정신의 신비한 위력 위에 어떻게 밝게 던져졌을까?

로서 몇 페이지에 걸쳐 지적될 수가 있다. 그 행동의 도덕적 가치는 비교할 수 없지만 정치적인 운동으로서 그것은 당황하게 한다.

간디 자신은 그것이 「정치적으로 불건전하고 현명하지 못한」 것으로 불릴지도 모름을 인정했다. 한 국가의 모든 힘을 모으고, 한 인물에게 최후의 지휘를 진작시키고, 최후의 순간에 적의를 가진 기구가 운동에 착수했을 때 무기를 던지고 세 번이나 중지할 것을 요구했다는 것은 위험스런 일이다.

누구나 브레이크를 파괴하고 자극을 마비시키는 위험을 행하였다. 따라서 국민회의파 상임 위원회가 1922년 2월 24일 델리에서 개최되었을 때 간디는 거대한 반대에 부딪쳤다. 열한 번째로 승인된 바르돌리의 상임 위원회의 결의안들은 토의 없이는 비준되지 않았다.

비협력 운동자들은 두 부류로 갈라졌는데 간디는 시민 불복종 운동이 개시되기 이전에 국민이 보다 훌륭하게 마음의 준비를 해야 한다고 주장하면서 건설적인 계획들을 제출했다.

그러나 많은 회원들이 독립 운동이 무척 느리게 전진하는 데 신경이 날카로워져서 시민 불복종 운동의 중지를 반대하는 항의를 했다.

그들은 간디의 방법들이 국가의 열망을 질식시킨다고 주

장하였다. 그들은 상임 위원회에서 결의안을 투표로 결정하자고 제안했으나 그것은 그의 결의안들이 무효가 될 것을 암시하였다. 결국 간디가 승리했으나 그는 대단히 고통을 당했다. 그 이유는 대다수가 그를 진심으로 지지하지 않음을 알았기 때문이다.

그는 자기에게 찬성한 사람들 중에서 많은 수가 그를 독재자라고 불렀던 것을 알았다. 그는 국가의 감정에 더 이상 영향을 주지 못한다는 것을 알았다. 그리고 그의 용감한 진실성과 더불어 그는 1922년 3월 2일 이것을 수락했다.

"의식적이든 무의식적이든 간에 폭력의 저류가 팽창했기 때문에 나는 실제로 말할 수 없는 패배를 기원했던 것이다. 나는 항상 소수자 편에 섰었다. 남아프리카에서 나는 실질상 만장일치로 시작했는데 그 수는 64명 심지어는 16명이란 소수에까지 이르렀으며 다시 거대한 대다수에까지 올랐다. 가장 훌륭하고 가장 견고한 업적은 소수자의 황야에서 행해졌었다.

정부가 유일하게 두려워했던 점은 내가 지휘하는 것처럼 보였던 거대한 군중이었다는 것을 나는 알고 있다. 그리고 그들은 내가 그 대다수보다 더한 의무를 두려워하고 있다는 것을 거의 알지 못하였다. 나는 실제로 사고하지 않는 대중의 숭배에 대해서 싫증을 느끼게 되었다.

만약 그들이 나에게 침을 뱉었다면 나는 내 처지를 확실히 느꼈을 것이다. 어떤 친구가 나의 독재권을 개발하는 데 반대하여 나에게 경고했었다. 나는 나 자신이 무의식적으로 「개발되도록」 허락하지 않았다면 의심하기 시작했을 것이다.

나는 내가 이전에는 결코 가질 수 없었던 그것에 대하여 두려움을 가졌다고 고백했다. 나의 유일한 안전은 나의 파렴치에 있다. 나는 동위원회의 회원들에게 나 자신은 교정할 수 없는 사람이라고 경고했다. 나는 사람들이 실책을 범할 때마다 그 사실을 고백하는 일을 계속할 것이다.

내가 이 세계에서 받아들일 수 있는 유일한 것은 내부의 「조용한 작은 음성」이다. 그리고 소수의 견해에 접했다고 할지라도 겸손하게 내가 그러한 희망을 잃은 소수 속에서 용기를 가진다는 것을 믿는다.

나에게 있는 것은 오직 진실한 위치인 것이다. 그러나 나는 더욱더 슬퍼지면서 오늘날, 보다 현명한 사람이 될 것을 희망하였다. 나는 우리의 비폭력이 피상적인 것임을 알고 있다.

정부는 그의 무정한 행위로 거세어지고 있다. 정부는 다시 한번 그들을 억누를 수 있는 배타적인 능력을 주장할 수 있도록 하기 위해서 이 나라를 암살·파괴와 약탈로 몰아넣는 것을 보고자 원하는 것처럼 보였다. 그러므로 이 비폭력은 순전히 우리의 어쩔 수 없는 당위성에 연유하는 것처럼 보인다.

그것은 마치 우리가 가슴 속에 최초로 복수하고자 원하는 것을 치료하는 것처럼 나타나는 것이다. 진실한 비폭력은 약자의 비폭력에 강요된 것처럼 보이는 것에서 나왔는가? 그것은 내가 행하고 있는 수많은 경험이 아닌가? 폭력이 행하여져서 남자뿐만 아니라 부녀자들도 안전할 수 없고 모든 남자들이 형제에게 반대하여 일어난다면 무엇이 될까? 만약 그러한 위기가 닥쳐올 경우에 단식을 행함으로써 내가 죽어버리게 된다면 그때 그것은 무엇에 유용할까?

우리는 진실해야 한다. 우리가 전력에 의해 스와라지를 획득해야 한다면 폭력을 팽개치고 우리가 그렇게 할 수 있을지도 모르는 그 전력을 제공할 것이다. 그것은 남성답고 정직하고 진지한 태도이며 어느 누구도 우리를 위선자라고 비평할 수는 없다.4)

---

4) 간디는 비폭력에 찬의를 표한 대다수 회원들이 얼마간은 그들의 마음속에서, 은밀하게 비폭력을 폭력으로 바꾸는 길을 확대하는 정치적인 도구로 생각하고 있다는 것을 인식하게 되었다. 그들은 간디가 비폭력의 일격을 외친다고 부드럽게 말하였다. 간디는 타고르가 오래 전에 인식했던 위험을 파악하지 못했다. 그러나 그는 공포에 싸였다. 간디는 타고르보다 더 급하게 대다수의 태도를 비평하고 공격했다.

만약 내가 모든 경고를 함에도 불구하고 그들이 한 순간에 물질적인 변화 없이 그것을 수락하였다고 할지라도 대다수는 우리의 목적을 믿지 않지만 나는 그들에게 책임을 인식하도록 요구할 것이다. 그들은 시민 불복종 운동을 추진하지는 않지만 건설적인 조용한 활동에 집착할 것이다. 만약 주의하지 않는다면 우리는 우리가 알지 못하는 깊은 물 속으로 빠지는 것과도 같다."

신념을 믿지 않는 자들은 명백히 국민회의파에서 물러나야 할 것이다. 그리고 소수자에게 머리를 돌리면서 간디는 첨가하였다.

"애국적인 정신은 비폭력과 진리에 대한 충성스럽고 엄격한 집착을 요구한다. 이 원리를 믿지 않는 자들은 국민회의파의 조직에서 물러나야 한다."

아주 심한 비애였지만 이러한 강력한 말 속에는 자만스러운 남성적인 것이 있었다. 그것은 겟세마네 동산(예수가 로마 군사들에게 잡혔던 동산)의 밤이었다. 간디의 체포는 눈앞에 이르렀다. 그의 가슴속에서 그가 전달자로서 투옥되는 것을 바라보지 않을지 어쩔는지 누가 알 수 있는가?

Ⅲ

간디는 오랫동안 체포될 것을 기다려 왔다. 1920년 11월 10일 이후로 모든 업무를 마무리했고 그 스스로 준비를 했다. 그는 「만약 내가 체포된다면」이란 글에서 국민들에게 교훈을 지시하였다.

그가 체포되리라는 소문이 퍼졌을 때인 1922년 3월 9일자 한 논문에서 그는 다시 이러한 가능성을 비치며 정부를 두려워하지 않는다고 말하였다.

『정부 때문에 흘리는 피의 강이 나를 두렵게 할 수는 없다.』

그가 유일하게 두려워하는 것은 국민들이 그의 체포 소식에 흥분하리라는 점이다. 이것은 그에게 불명예스럽다.

『나는 국민이 완전한 자제를 유지할 것과 내가 체포되는 날을 기쁜 날로 생각하여 주기를 원한다. 정부는 내가 모든 교란의 중심인물로 믿고 있으며 만약 내가 제거된다면 평화로워질 것으로 믿고 있다. 남아 있는 한 가지 일은 그것을 위해서 국민의 힘을 측정하는 것이다. 국민들로 하여금 완전한 평화와 정적을 유지하도록 하자. 정부가 세계적인 힘의 폭발을 두려워한 나머지 나의 체포를 주저하는 것은 나에게 있어서는 자부심이나 즐거움이 아니고 굴욕의 문제이다.』

국민들로 하여금 전체적인 건설 계획을 수행하도록 하라. 거기에는 하르탈이나 시위도 없고 정부와의 협조도 없도록 하자. 법원과 학교를 거부하자. 간단히, 비협력 운동의 계획은 완전한 질서와 규율 속에서 추구되도록 하자. 만약 국민이 이 계획을 이행한다면 그들은 승리할 것이다. 그렇지 않으면 그들은 재난에 접할 것이다.

모든 것이 준비되었을 때 간디는 조용한 명상을 할 수 있는 애마다아바아드 근처 사바르마티의 아시람에 기꺼이 돌아와서 그의 사랑스런 제자들에게 둘러싸여 경찰이 오는 것을 기다렸다. 그는 투옥되기를 갈망했다.

그의 부재중에 인도는 보다 거대한 힘으로 인도의 목적을 확인할 것이다. 그리고 그가 말한 대로 투옥은 마땅히 와야 하며 그것은 그에게 조용한 육체적인 휴식을 줄 것이다.

경찰이 3월 10일 밤에 도착했다. 경찰이 오고 있다는 소식이 아시람에 퍼졌다. 마하트마 간디는 모든 준비가 되었으므로 그들의 마음대로 하도록 내버려두었다. 옥으로 가는 도중 그는 그에게 마지막 포옹을 하러 오는 한 회교도 친구인 마우라나 하스라트 모하니를 만났다. ≪영 인디아≫의 편집자 뱅커는 그와 함께 옥으로 보내졌다.

간디의 아내는 감옥문이 있는 데까지 남편을 따라 가도록 허용되었다.

3월 18일 토요일 오전 간디의 「위대한 공판」이 애마다아바아드 지역 순회 판사인 C.M.브룸스필드 앞에서 시작되었다. 그 공판은 드물게 고귀했고 위엄이 있었다. 판사와 피고는 기사적인 정중함을 상호간에 피력하였다. 투쟁에 있어서 영국이 보다 아량 있는 공평성을 발휘한 적은 결코 없었다. 판사 브룸스필드는 그날 정부의 많은 실책을 거론하였다. 공판에 대해서는 많은 것이 씌어졌으므로 나는 중요한 점만을 요약할 것이다.

왜 정부는 마침내 간디를 체포하였을까? 왜 2년 이상이나 심사숙고한 뒤인, 마하트마 간디가 폭도를 스스로 진압했고 그가 폭력에 반대하는 유일한 방파제로서 서 있는 것처럼 보였을 때인 바로 그 순간에 체포했을까? 그것은 옳은 길을 벗어난 행위였을까? 혹은 간디의 놀라운 언사에 확고함을 보이고자 원했던가? 정부는 이 나라가 그들을 진압하기 위해서 배타적인 살해 · 방해 · 약탈로 뒤덮이는 것을 보고자 원하였던가?

정부는 대단히 어려운 사태에 있었으며 간디를 존경하고 두려워했다. 정부는 그를 정중하게 대접하고자 했으나 간디는 정부를 부드럽게 대하지 않았다. 마하트마 간디는 폭력을 비난했지만 그의 비폭력은 어떤 폭력보다 혁명적이었다.

그가 시민 불복종 운동을 중지하던 바로 그날, 2월 23일 델리에서 국민회의파의 회의가 개최되기 전 바로 그날에 그는 대영제국의 권력에 가장 위협적인 논설을 썼다.

버큰헤드 경과 몽타규로부터의 무례한 전보는 일격과 같이 인도를 때렸다.[1]

분개의 불길에 싸여 간디는 도전하였다.

"영국이란 사자가 계속해서 인도의 얼굴에 발톱을 휘둘러 피투성이를 만들고 있는 동안 어떻게 그곳에서 협상이 이루어질 수 있을까? 물리적으로 약한 민족들을 조직적으로 착취하고 잔인한 무력을 계속 전시하는 데 근거를 둔 영국은 만약 올바른 신이 우주를 지배한다면 생존할 수 없다.

1920년에 개시했던 투쟁이 1개월 혹은 1년 또는 몇

---

1) 영제국(英帝國)의 존재가 도전당한다면 인도에 대한 영국 정부의 책임은 더욱 무겁다. 우리 영국이 인도에서 물러나라는 요구는 잘못이다. 그때 인도는 용기와 의지로써 다시 세계에서 가장 결심이 강한 국민에게 성공적으로 도전할 수 없을 것이다.

개월, 몇 년이 계속되든 그것은 결말에 이르는 투쟁이라는 것을 영국 국민들에게 인식시키도록 해야 할 때이다.

나는 신이 인도에 끝까지 비폭력을 유지하도록 충분한 굴욕과 힘을 줄 것만을 희망하고 기도할 것이다. 전달된 무례한 도전들에의 굴종은 이제 절대로 불가능하다.”

간디는 1921년 9월 19일자의 한 논설과 1921년 12월 15일자의 다른 논설에서 앞서의 논설에 포함된 내용을 나타냈던 것이다. 첫째 논설은 알리 형제의 체포에 관해서 논했고 둘째는 리딩 경의 연설에 대한 대답이었다. 그 두 논설은 모두 다 『끝까지 싸운다. 우리는 스와라지를 원한다. 우리는 정부가 민중의 의지에 따를 것을 원한다. 우리는 어떠한 관대함도 요구하지 않으며 어느 누구도 기대하지 않는다』는 같은 선언을 내포한 것이었다. 그러므로 공소 이유는 간디가 정부를 비난했고 공공연히 민중들에게 정부를 전복하도록 선동하였다는 것이다.

간디는 자신을 위해서 변호했다. 그는 공소 이유에 대해서 유죄라고 선언했다.

봄베이의 검사장인 J.T.스트란만 경은 공소에서 인용된 세 가지 논문을 들추어 정부를 정복하려는 견해로서 2년 동안 추구했던 모든 운동이 그것이라고 주장하면서 간디의 논설 속에서 몇 구절을 인용했다.

그는 간디의 고매한 인격에 경의를 표했다. 그러나 이것은 그들의 해로운 영향을 증가시키고 그 논설에 권리를 부여하기 위한 것이었다. 그는 봄베이와 차우리 차우라에서의 유혈은 간디의 책임이라고 주장했다. 간디는 비폭력을 설교했지만 비난도 했음이 사실이라고 했다. 그러므로 그는 국민이 저지른 폭력에 책임이 있다고 주장했다.

간디는 말할 수 있도록 허락할 것을 요구하였다. 무엇이 옳고 그른가에 대한 고통과 그가 추구해야 했던 과정에서 그 효과가 국민들에게 어떻게 미쳤는가에 대한 몇 주일간의 정신적 투쟁과 번민과 의심이 사라져 갔다.

그는 평온한 감정을 회복하였다. 그는 행하여진 모든 것과 그가 유감스럽게 여겼던 것과 그가 가질 수 있는 모든 것을 수락했다. 물론 책임은 그에게 있었기 때문에 그는 검사장에게 동의했다. 그는 공소장에 인용된 것보다 더 많은 것들을 설교했다. 그는 마드라스에서의 혼란, 차우리차우라의 「악마적인 죄악들」과 봄베이의 미친 폭동에 대해 책임감을 느끼고 있었다.

"책임 있는 인물로서 훌륭한 교육을 받고 이 세계의 경험을 가진 사람으로서 그가 말할 때 해박한 검사장은 아주 정당하며 나는 나의 행동의 모든 것의 결과들을 알아야만 했다.

나는 불장난을 하고 있었음을 알았다. 나는 위험을 무릅썼고 그리고 내가 자유로웠다면 계속 같은 행동을 했을 것이다. 오늘 아침 지금 여기서 말한 바를 말하지 않는다면 나는 자신의 의무를 행하지 못하는 것이라고 느꼈다.

나는 폭력을 피하기를 원했다. 비폭력은 나의 신념의 제1조항이다. 또한 그것은 나의 신조의 마지막이기도 하다. 그러나 나는 반드시 선택해야만 했다. 나의 조국에 회복할 수 없는 해를 끼쳤다고 생각하는 제도에 굴종하거나, 국민이 나의 입에서 나오는 진리를 이해했을 때 터져 나오는 그들의 미친 듯한 광포한 위험을 초래하든가 둘 중 하나였다.

나는 인도 국민이 때때로 미쳐버리는 것을 알고 있다. 그 사실에 대해 심히 유감스럽게 여긴다. 그러므로 나는 여기에서 경범죄가 아닌 중죄를 받고자 원한다.

나는 자비를 구하지 않는다. 나는 어떤 경감법도 진정하지 않는다. 그러므로 나는 법률 안에서 신중한 범죄를 저질렀으므로 한 시민의 가장 고귀한 의무로서 나에게 주어지는 최고의 중벌을 받고자 기꺼이 기다리겠다.

재판관은 그 직을 그만두거나 아니면 나에게 가장 중한 벌을 내리거나 둘 중의 하나를 택해야 한다."

종교적인 정신의 주저가 한 정치적 지도자의 영웅적인 확고성으로 인하여 균형을 이룬 곳에서 이 빛나는 즉흥적 작품을 만든 뒤 간디는 인도와 영국의 여론을 향하여 씌어진 선언서를 읽었다.

그 선언서에서 왜 한 진정한 충성자와 협력자가 돌이킬 수 없는 이단자와 비협력자로 되었는가를 설명하는 데 그들에게 힘입은 바 크다고 말하였다.

그는 1893년 이후 계속 공공 생활을 해왔다. 그는 인도인으로서 영국제도 속에서 고통을 당한 모든 것을 지적했고 그 제도를 개혁하고자 25년 동안이나 끊임없이 노력해 왔다고 말했다. 그는 이 개혁을 인도와 영국이 분리되지 않고 성취할 수 있다고 확고히 믿었던 것이다.

모든 거짓에도 불구하고 그는 1919년까지 훌륭한 협력자로 남아 있었다. 그러나 그때 이후 광포와 죄악들은 모든 방법들을 초월했다. 부정을 개선하는 대신에 정부는 인도의 정신에 대한 도전자로서라면 유죄한 관리들에게까지도 명예를 주고 연금을 지불하고 보상해 주었다.

정부 스스로가 결속을 더욱 엄격하게 했던 것이다. 간디는 심지어 개혁이 정부에서 제안된다면 그 개혁은 유해할 것이라는 결론을 내렸다. 영령(英領) 인도 정부는 대중의 착취에 근거를 두는 법령을 만들었는데 이 법령은 착취를 강화할 목적으로 제정되었다.

법령의 집행은 착취자의 이익을 위하여 의식적이든 무의

식적이든 매춘화(賣春化)되었다. 테러화의 미묘한 효과적인 제도와 권력의 조직화된 행사는 국민을 유약하게 하였고 국민 속에 거짓과 가장의 습관을 낳게 했다.

인도는 기아선상(飢餓線上)에 있었고 폐허화되어 의기소침해 있었다. 많은 사람들은 인도가 자치령에 근거한 자치정부를 가질 능력이 있기 전에 시간이 허무하게 지나갈 것이라고 주장했다. 영국은 이전의 어느 제도보다 더 해를 주는 제도를 만들어 인도에 해악을 끼쳤던 것이다.

악마적인 비협력은 의무이다. 간디는 그 의무를 행하였을 뿐이었다. 그러나 과거에는 비폭력이 악을 행하는 자에게 과해진 폭력의 형태 속에서 심사숙고하여 표현되었고 폭력이 우월한 무기라고 생각되었는데 간디는 국민들에게 비폭력이 새롭지만 굴복하지 않는 무기임을 일깨워 주었다.

이때 판사 브룸스필드와 마하트마 사이에 기사적(騎士的)인 논쟁이 나오게 되었다.

"간디, 당신이 유죄임을 인정함으로써 나의 임무를 용이하게 했지만 소위 정당한 선고의 결정이 남아 있는 것은 이 나라의 법관으로서 직면해야 할 어려운 과제이다. 수백만 국민에게 당신이 위대한 애국자이고 위대한 지도자라는 사실을 아무도 부정하지 못할 것이다. 정치면에서 당신과 견해를 달리하는 인사들까지도 당신을 고귀한 이상과 고매한 인격, 심지어는 성자적 생활을 하는 훌륭한 사람으로 바라보고 있다.

그러나 법률을 집행하는 사람으로서 당신을 선고하는 것이 나의 의무이다. 당신을 자유롭지 못하게 하는 것을 유감으로 생각한다. 그러나 그것은 법관인 나의 의무이기도 하다. 나는 공공 이익에 필요하다고 생각하는 것과 당신 때문에 일어나는 것과의 균형을 이루려고 노력했다."

그는 퍽 정중하게 피고인과 어떤 형의 선고를 할까에 대해 상의했다.

『만약 인도에서의 사태가 호전되어 당신의 형(刑)을 감하거나 혹은 석방이 가능하다면 어느 누구도 나만큼 더 기뻐할 사람은 없을 것이다.』

간디는 그에게 관대한 태도를 비이성적이라고 주장했다. 선고 자체에 관해서 간디는 그가 선고한 내용이 너무 경(輕)하다고 생각했으며 전체 과정에 관련하여 볼 때 그는 퍽 정중함을 기대하지 않았다고 말했다.2)

선고가 끝났다. 간디의 친우들은 발밑에 엎드려 눈물을

---

2) 선고 기간 중에 간디의 예를 본받았고 그의 논술들을 묵인했던 ≪영 인디아≫ 편집장인 뱅커는 1년 형과 벌금을 선고받았다.

흘렸다. 마하트마 간디는 그들을 일으키며 미소를 지었다.
그리고 사바르마티 감옥문이 그의 등 뒤에서 닫혔다.3)

---

3) 카스투르바이 간디 여사는 국민에게 훌륭한 메시지로 간디에게 선
고된 형을 알려 주면서 국민들에게 평온과 안정 속에서 간디의 건
설적인 계획들을 수행하는 데 분투하도록 촉구하였다.
　　간디는 잘 대접받던 사바르마티 감옥에 계속 수감되지 않고 세
상에 알려지지 않은 다른 감옥으로 이송되었으며 그 후에 푸나 근
처인 에라베다 감옥으로 재이송되었다.
　　우리가 입증할 수 없는 1922년 5월 18일자 ≪유니티≫지에
N.D.하디키가 쓴 「옥중의 간디」에 의하면 간디는 파렴치범들과 같
이 한 감방에 수용되었고 대우도 좋지 않았다. 이것이 간디의 건강
을 해치는 원인이 되었다.
　　C.F.앤드루스가 간디의 감옥 생활에 대해 말한 것을 들어보면
마하트마 간디는 옥중에서 행복했고 그는 친한 벗들에게 자기를 방
문하지 말라고 했다 한다. 그는 기도로 자신을 정화하였고 인도를
위해 가장 유효하게 일을 하였다.
　　우연히도 앤드루스는 다음과 같은 글을 썼다.
　　"인도에서의 간디주의자들은 마하트마의 투옥으로 말미암아 힘
이 증대되었다. 인도는 그 어느 때보다 강력히 간디를 믿었다. 이
믿음은 간디를 쉬리 크리쉬나의 화신(化身)으로 바라보게까지 했
다. 그리고 옥중에 있는 간디는 두려워했던 폭력의 폭발을 자유스
러울 때보다 더 효과적으로 방지할 수 있었다."

IV

투옥 이래로 위대한 사도의 음성은 고요해졌다. 그의 육체는 무덤 속과 같은 벽에 둘러싸여 있었다. 그러나 이 무덤도 사상에 대한 장벽으로서의 구실은 할 수 없었다.

간디의 보이지 않는 영혼은 아직도 인도의 거대한 체구에 생명을 주었다. 「평화·비폭력·고통」[1]은 감옥으로부터 온 유일한 메시지였다. 그 메시지는 들려왔다. 그 암호는 인도의 한 끝에서부터 다른 끝으로 지나갔다.

3년 전 간디가 체포될 때의 인도는 유혈에 휩쓸렸었다. 간디의 체포 사태는 1920년대의 민중 폭동으로 몰고 갔다. 그러나 아메다바드 선고로 인해 종교적인 엄숙성을 주었다.

수천 명의 인도인들은 평온한 기쁨으로 감옥 옥리에게 자신들을 넘겨주었다.

비폭력과 고통─다른 어떤 사실보다 더 놀라게 한 예이다

---

1) 1922년 8월 3일에 ≪유니트≫지는 「옥중에서 온 편지」를 게재했는데 거기에서 간디는 근대 문명의 악(惡)에 대해 피력했다. 나는 그 편지의 출처가 의심스럽다. 편지 내용이 얼마 전 ≪힌드 스와라지≫에 실렸던 발췌문의 개요일 것이라고 추측한다.

—그 성스러운 말씀의 깊이가 국가의 정신 속에 얼마나 깊숙이 파고들었는가를 보여 주는 것이다.

시크 교도는 인도에서 항상 가장 전투적인 종족의 하나로 알려져 있으며 그들 중 많은 수가 전쟁 통에 병역에 복무했다. 그 전해는 그들 사이에 중대한 분쟁이 일어났다. 서구인들의 눈으로 볼 때 그 원인은 별로 특별한 것이 아니었다. 시크교의 한 분파인 아칼리는 종교적인 흥분의 결과로서 성소(聖所)를 정화하고자 원했다. 후에 해고당하는 것을 거절하는 사람들은 사악하기로 이름난 수비병들 손으로 넘어갔다. 정부는 법률적인 이유로 그들을 방어했다.

그리고 1922년 8월, 매일 구루 카 바그의 순교를 시작했다. 아칼리들은 무저항주의를 채택하여 이들 중 1천 명이 성소 곁에 자리를 마련하는 동안 4천 명은 10마일 떨어진 암리챠르의 황금 사원에 머물렀다. 4천 명 중 대부분이 청년층이었으며 이들 중 많은 수가 전쟁에 참가했다.

매일 백 명이 사색과 행동을 통하여 비폭력의 원리를 맹세한 뒤 황금 사원을 떠나 구루 카 바그까지 도달하기도 하며 혹은 인사불성이 되어 되돌아오기도 하였다. 천 명의 지원자 모임 중 25명이 매일 똑같은 선서를 했다.

그 성소로부터 그리 멀지 않은 곳에 영국 경찰들이 그 선언을 중지시킬 목적으로 끝에 쇠를 단 지팡이를 든 채 다리에서 기다리고 있었다. 그리하여 매일 비극적인 광경이 벌어졌다. 타고르의 친우인 앤드루스는 그의 저서 ≪아칼리의 투쟁≫2)에서 이것은 잊을 수 없는 일이라고 기술했다.

검은·터번 둘레를 조그마한 하얀 꽃으로 장식한 화관을 쓰고 아칼리들은 말없이 경찰들 앞에 이르러 약 1야드의 거리에서 멈춘 채 아무 동작 없이 조용히 기도를 시작하였다.

경찰들이 아칼리들을 분산시키기 위해 쇠지팡이로 그들을 자극하여 피가 흐를 때까지 더욱더 심하게 휘두르고 나면 시크 교도들은 의식을 잃고 쓰러졌다. 일어날 수 있는 사람들은 다시 일어나 다른 사람들처럼 의식을 잃을 때까지 얻어맞으며 다시 기도를 시작하였다.

앤드루스는 울음소리나 도전의 기미는 전혀 보지 못했다. 그 곁에서 구경하는 군중들도 괴로움으로 긴장한 얼굴로 조용히 기도하였다.

『나는 십자가의 그림자를 생각하지 않을 수 없었다』고 앤드루스는 말했다. 영국인들은 그 광경을 그들의 신문에 보도하고 경악을 표시했다.

그 사실은 영국인으로서는 이해할 수 없는 것으로 보였으나 그들은 비협력과 비폭력의 이상(理想)이 진보하고 편잡 주민들이 교리를 그들 편으로 끌어들였던 것이 어리석은 희생이 되었음을 인정하지 않으면 안 되었다.

---

2) 산티니케탄의 교수인 앤드루스 저(著) ≪아칼리의 투쟁≫은 1922년 9월 1일 마드라스의 스와라자에서 출간되었다.

관대한 정신과 순수한 이상주의가 그로 하여금 인도의 정신에 파고들 수 있도록 했던 앤드루스는 발미에서의 괴테처럼 「새 시대의 여명」을 여기서 보았다고 술회했다. "고통으로 굳건해진 새로운 영웅주의는 정신의 전쟁으로 승화하였던 것이다."

인도 국민들은 그들을 지도하는 어느 종교 사절보다 마하트마의 정신에 따라서 성실하게 살아가는 것처럼 보였다. 간디가 체포되기 20일 전 델리에서 국민회의파의 상임위원회가 개최될 즈음 간디에게 반대하는 의견이 있었다는 것은 이미 기술했다. 그 반대는 이 위원회가 1922년 6월 7일 다시 개최될 때 성명되었다.

간디가 제창한 끈질긴 기다림과 고요한 재건의 계획은 신랄하게 비난받았고 그 운동은 시민 불복종 선언을 만들어냈다. 전국적으로 시민 불복종 운동의 성숙 여부를 조사하고 결정할 한 위원단이 구성되었다. 이 위원단은 전국을 여행하였고 그해 가을에 이를 단념시키는 보고서를 띄웠다.

시민 불복종 운동이 현재로서는 실행 불가능할 뿐만 아니라 위원의 반은 극단의 보수주의 방향으로 나가서 간디의 비협조 방법도 단념하고 새로운 스라와지 또는 자치당이 정부의 의회 내부에 형성되어야 한다고 제안하기에 이르렀다.

다시 말해서 간디주의는 폭력과 신중을 동시에 믿고 있는 자들에 의해 공격을 받았던 것이다. 그러나 인도는 이 위원단의 보고서를 수락하지 않았다.

1922년 12월 말 전당대회에서 인도 국민회의파는 박해를 받는 마하트마와 그의 비협력 원리에 충성을 다할 것을 굳게 다짐하고 선언했다. 정부의 의회 참석은 부결되었다. 폭력을 믿는 자들은 소수였으며 영향력도 거의 없었다.

전당대회는 간디가 명한 정치적 스트라이크를 계속 유지할 것을 촉구하는 만장일치의 결의안을 만들고 폐회했다.

그러나 영국 상품들을 거부하자는 결의안은 유럽의 노동자들에게 적대 감정을 갖지 않게 하기 위해 취소되었다.

그러나 국민회의파보다 과감했던 킬라파트의 회교도 회의는 대다수에 의하여 보이콧 할 것에 찬성하였다. 여기서 간디적인 운동의 기록을 중단하고자 한다. 마하트마 그의 제자들(특히 알리의 형제들)이 옥중에 있는 기간 때문에 어쩔 수 없이 약간 후퇴하였음에도 불구하고 이 운동은 첫 번째의 지도받지 않은 해의 시련을 성공적으로 통과하였다.

그리고 가야에서 1922년 국민회의파의 폐회에 즈음해서 영국 신문들은 놀라움과 실망감을 동시에 나타냈다.3)

---

3) 1922년 11월 16일 브랜치 와트슨은 ≪유니트≫지의 한 논설에서, 인도가 비폭력 저항의 투쟁으로 승리를 했던 유리한 입장 등을 열거했다.

　이 논설에서는 인도의 국내 세입이 7천만 달러 감소되었고, 영국 상품의 거부로 말미암아 영국은 단 1년 동안에 약 2천만 달러의 손실을 보았다고 주장했다.

　또 이 글에서 30만 인도인이 투옥되었고 정부의 기구가 완전히 혼란을 일으켰다고 주장했다. 그러나 간디주의의 열렬한 존경자인 브랜치 와트슨은 그 성취를 과장하는 무의식적인 경향이 있었다.

다른 증거 등은 별로 고무적인 것이 못 되었는데 희생정신은 부유층과 산업 계층의 이기적인 태도로 정지되었고, 흥분의 소용돌이에서 정부의 직위를 그만 둔 관리 중 많은 사람들이 이제 일자리로 돌아온 것처럼 보였다. 무엇이든 다른 것을 믿는 것은 인간이 아니다.

모든 혁명에서 많은 사람들이 뒤지고 후퇴하는 것이다. 문제는 그 운동이 증대하느냐 혹은 쇠퇴하느냐 하는 것이 전체적이냐 아니냐의 여부를 결정하는 것이다. 이와 관련하여 1923년 2월 16일 ≪맨치스터 가디언≫ 주간지(週刊誌)에 게재된 한 논설을 참고하는 것은 흥미로운 일이다.

지적인 자유주의로서 잘 알려져 있는 ≪맨체스터 가디언≫지는 최근 인도 사태를 조사하는 모임을 조직하였다. 이 조사의 결과를 읽은 후에 사태가 심각하고 중대하다는 결론에 이른 것이다. 마지막 논설(1923년 2월 16일자)에서 간디의 책략은 효력이 없음이 증명되었고 비협력 운동은 재조직될 것을 시도했다. 그러나 이 논설은 비협력의 정신은 증대되어 가고만 있다고 계속했다. 어디에서나 외국 정부에 대한 불신과 외국 지배에서 벗어나야겠다는 열렬한 희망이 있었다.

인도에서 가장 양식 있는 인물들과 대도시의 시민들은 이 점에 동의했다. 농민은 이 운동에 별로 영향 받지 않았지만 짧은 시일 내에 농민도 참여할 수 있는 조짐이 농촌에도 보이고 있었다. 군인은 아직도 면제되어 있고 응모(應募)는 촌락에서 거행되는데 그들도 머지않아 이러한 분위기에 휩쓸리게 될 것이다.

비협력 운동은 가장 훌륭하고 가장 절제 있는 부류 사이에서 가장 열정적이다. 이 부류들은 혁명적 방법에 찬성하지 않지만 그들의 불찬성은 국가의 나머지 민중들과 같이하지 않았다. 그 논설자는 인도에서 진실로 효과적인 시민 불복종 운동이 도래하는 데는 약 10년이 걸릴 것이라고 주장한다. 그러나 그 동안에 사태는 더욱 더 심각해질 것이다.

인도인들을 투옥으로 억압한다는 것은 불가능하다. 그들은 그

위협을 더 이상 두려워하지 않는다. 강압적인 수단에 의존한다면 그것은 증오를 자극시킬 뿐이다.

단 한 가지 평화적 해결책이 있는데—만약 그것이 늦지 않았다면—영국은 모든 개혁에 우선권을 취해야 한다. 1919년의 방법 같은 미지근한 것이라든가 지난해의 예는 적용되지 않는다. 그 방법들은 충분하지 않았다.

따라서 지체할 시간적 여유가 없다. 영국은 반드시 인도에 있는 모든 부류들과 이익을 대표하는 집단들, 간디와 그의 제자들, 인도의 왕족들, 서구의 자본가들, 회교도, 힌두교도, 조로아스터교도, 유라시아인, 기독교인과 불촉천민들을 인도 전체회의에 초대해야만 하며 함께 자치적인 인도를 위한 헌법과 자치령 내에서 법제화를 기초해야 한다. 이 일만이 제국의 와해를 피하는 길이다.

인도 정부와 영국 관료층들이 ≪맨체스터 가디언≫의 제안을 어떻게 생각하는지 모른다. 그리고 간디와 그의 비협력 운동자들이 서구인과 인도인 자본가들과 회의에 동석할 것인지는 믿기 어렵다. 그러나 한 가지 확실하고도 전혀 의심할 여지없는 것은 인도가 자치권을 가질 것이라는 사실이다. 그것은 어떤 방법에 의해서 올 것이다. 간디주의 운동이 시작된 이래 영국의 인도에 대한 태도의 변화는 매우 현저하다. 서구인들은 인도인을 더 이상 경멸하지 않았고 인도인을 신중히 대하였다. 정부가 이전에 취했던 방법은 과오였다고 동의했다. 정신적인 견지에서 볼 때 인도는 이미 승리했다.

V

그리고 이제 무엇이 올까? 과거의 경험에 비추어 영국이 보다 현명하게 인도 국민의 영감을 형성하는 방법을 알게 될까? 그리고 이들 국민들은 이 이상(理想) 속에서 성실하게 머물게 될까?

국가는 짧은 기억을 가지고 있으며 간디의 원리들이 한 민족의 가장 깊고 전통적인 갈망을 표현한 것이 아니라면 마하트마의 가르침에 성실하게 머무를 인도의 위력에 필자는 별로 신념을 갖지 않는다. 왜? 그 환경의 이상에 일치할 수 있는지 여부가 그 자신의 힘에 의한 위대한 천재적인 사물이 있다면 거기에는 행동의 천재도, 지도자도 있을 수 없으며 그는 그 민족의 본능과 시간의 필요성에 대한 만족과 세계의 열망에 대한 보상을 구현하지 못할 것이다.

마하트마 간디는 이와 같은 모든 것을 행하였다. 그의 아힘사(비폭력)의 원리는 2천 년 전부터 인도의 정신 속에 새겨져 왔다. 마하비라, 석가모니와 비시누(힌두교 3대신의 하나)의 숭배가 수백만 영혼의 본질이 되었다. 간디는 다만 그 본질 속에 영웅적인 피를 부어 넣었던 것이다.

그는 위대한 그림자들과 과거의 위력을 결정적인 혼수상태로 몰아넣을 것을 호소하였고 그의 음성으로 인해 그들은 활기를 되찾았다. 그들은 간디 속에서 자신을 찾았다.

간디는 그의 국민의 정신을 구현시켰다.

그는 국민들에게 축복을 내렸고 그들은 그 속에서 부활하였다. 그러나 이 부활은 우연이 아니었다. 만약 인도의 정신이 지금 사원과 숲으로부터 밀려오고 있다면, 그것은 인도의 정신이 세계가 탄식하고 있는 데 대한 메시지를 보유하고 있기 때문이다. 이 메시지는 인도의 국경선을 넘어왔다. 인도가 그것을 독자적으로 공표할 수 있었던 것은 국가의 위대성과 국민들의 희생이 따랐기 때문이다.

그것은 한 국민이 세계에 새로운 생을 주기 위해서는 희생해야 하는 것처럼 보일 것이다. 유태인들은, 수세기 동안 그들의 사고 속에 깃들여 있으며, 그가 최후로 피로 점철된 십자가 위에서 꽃필 때가 언제일는지를 인식하지 못하고 있는 그들의 메시아를 위해 희생하였다.

다행히도 인도는 인도의 메시아를 인식하였고 인도 국민들은 그들을 자유롭게 할 희생으로 기꺼이 진군하는 것이었다.

그러나 초기 예수교인들처럼 그들은 자유의 진정한 뜻을 완전히 이해하지 못했다.

인도인들은 스와라지 이상의 뜻을 알지 못하는 자가 많다. 필자는 우연히 정치적 목적이 곧 달성되리라고 상상한다. 전쟁과 혁명으로 피를 흘렸던 유럽은 전에 그들에게 억압당했던 아시아인의 눈으로 보면 유럽의 명예는 거칠어졌고 탕진되었고 약탈당했으며, 유럽은 아시아 대륙에서 이슬람·인도·중국과 일본의 깨어나는 민족들의 영감에 오랫동안 저항할 수 없을 것이다.

몇몇 국가들 중에서 인간들의 조화가 아무리 풍부하고 새롭다고 할지라도 이것은 별 의미가 없으며 만약 아시아에서 솟아나는 정신이라도 생(生)과 사(死), 그리고 더 나아가서는 행위의 새 이상과 모든 인간성을 위한 매개물이 될 수 없으며, 만약 그것이 유럽을 굴복시키는 새로운 노자성체(임종시 받는 성체)를 가져오지 않는다면 그것은 별 의미가 없다.

세계는 폭력의 바람에 휩쓸리고 있다. 인류 문명의 수확을 황폐하게 만드는 이 폭풍은 밝은 하늘에서는 발생하지 않는다. 혁명의 이상적인 이념으로 자극되고, 민주주의자들의 공허한 조소의 대상으로 확대되고 영혼이 멸망하여 죽음으로 번지는 곳에서 비인간적인 산업주의와 탐욕스런 부호정치와 유물적 경제 제도의 일세기(一世紀)에 의해 관을 쓴 수세기의 잔인한 민족적 자부는 서구의 보화(寶貨)에 굴복해야 할 어두운 투쟁 속에서 바야흐로 절정에 도달한다.

이러한 모든 것들이 불가피하다고 말하는 것은 충분하지 않다. 각 민족은 같은 탐욕과 카인적 본능을 숨기고 있는 동일한 원리의 이름으로 타민족을 살해하는 것이다. 그들 － 민족주의자·파시스트·볼셰비스트·피압박 계층들과 착취 계층—은 타인에게 이 권리를 부인하면서 권력을 사용할 권리가 있다고 주장하는 것이다. 반세기 전만 해도 힘이 정의를 지배했다. 오늘날 사태는 더욱 악화되었다. 힘은 정의이다. 힘은 정의에 열중한다.

오랫동안 파괴되고 있는 세계는 피난처도 희망도 위대한 빛도 없다.

교회는 권력에 적대감을 갖지 않도록 조심스럽게 표현해 왔고 선량한 충고를 해 왔다. 게다가 교회는 충고는 한다 할지라도 모범이 되지는 못했다. 약한 평화주의자는 감상적으로 울기만 하는데 그들은 주저하고 더듬거리며 그들이 더 이상 믿지 않는 신념에 대하여 논했다.

누가 이 신념을 증명할까? 이 불신의 세계에서 어떻게 할까? 신념은 행위에 의해서 증명된다.

이것이 세계를 향한 위대한 메시지이며 간디가 말한 대로 인도의 메시지는 자기희생인 것이다.

그리고 타고르는 영감을 주는 같은 말들을 반복했다. 이 자랑스러운 원리에 대해 타고르와 간디는 일치하였다.

"나는 이 희생정신이 성장하고 또한 고통의 의지가 성장할 것을 희망했다. 이것만이 진정한 자유이다.

서구는 무력과 물질적 부에 대한 확고한 믿음을 가지고 있다. 그러므로 서구가 평화와 군비 축소를 아무리 크게 외친다고 할지라도 유럽의 잔인성은 아직까지도 더욱 더 크게 소리칠 것이다.

인도에 있어서 우리는 군비 축소를 가능하게 할 뿐만 아니라 그 원리를 위력으로 변화시킬 수 있는 진리가 있다는 것을 반드시 세계에 보여주어야만 한다. 도덕적인 힘이 잔인한 폭력보다 더 강력한 힘이라는 사실은 무기를 들지 않는 국민에 의해서 증명될 것이다.

생명의 진화는 인간이 잔인한 폭력을 정복하도록 전개될 때까지 그 범위의 무서운 방호물과 괴물 같은 육체의 모양을 점차로 벗어났음을 보여준다. 완전히 비무장한 연약하고 고귀한 사람의 유순함이 전 세계를 상속받는 것이 증명 될 때가 올 것이다.

물적 재원도 없는 연약한 육체의 마하트마 간디는 폭행을 당했지만 난폭하고 빈곤한 인도인들의 본래의 가슴 속에 숨어 있는 유순함과 겸손함이 정복할 수 없는 위력임이 증명 될 것이라는 사실은 그의 논리이다.

인도의 운명은 육체력에 있는 것이 아니고 정신력에 있다. 이 정신은 인간의 역사를 상승시키고 물질적 투쟁의 혼란한 계곡에서 정신적 투쟁의 높은 차원으로 이끌어 갈 것이다. 스와라지라는 서구적인 단어에서 얻은 문구를 통하여 우리들을 매혹시키기는 하나 그것은 실제로 우리의 목적은 아니다. 우리의 투쟁은 정신성을 위한 투쟁이다.

우리는 인간을 그 주의 위에 엮어 놓은 덫으로부터 반드시 해방시켜야 하며 그들을 민족적 이기심의 조직으로부터 자유롭게 해야 한다. 나비에게 하늘의 자유가 누에고치의 보호보다 더 좋다는 것을 반드시 일깨워 주어야만 한다.

인도에 있어서의 우리는 국가를 위한 단어를 가지고 있지 않다. 그 단어를 다른 국민으로부터 빌렸을 때 그것은 우리에게 적합하지 않다. 왜냐하면 우리는 반드시 최고 존재인 정신력과 연합해야 하며 우리의 승리는 신의 세계를 위한 승리가 될 것이기 때문이다. 만약 우리가 영구한 정신의 위력을 세계에 보이기 위해 강자와 부자와 무력자들에게 도전할 수 있다면 거대한 육체의 성은 흔적 없이 부서질 것이다. 그리고 그때 인간은 진정한 스와라지를 찾게 될 것이다. 우리들 동양인은 비참하게 버림받았다. 우리는 반드시 모든 인간성을 위하여 자유를 정복해야만 한다……」

『우리의 목적은 전 세계와 우호를 갖는 것이다. 비폭력

은 인간들에게 와서 머무를 것이다. 그것은 지상에 평화
를 포고하는 것이다."

라고 간디는 말했다.

세계 평화는 요원하다. 우리는 환상을 가지고 있지 않다.
우리는 반세기의 과정을 거치는 동안에 인간의 위선과 비겁
과 잔인성을 충분히 보아 왔다. 그러나 이것이 우리가 인류
를 사랑하는 것을 방해하지는 않는다. 심지어는 가장 나쁜
자들 사이에도 양심의 실마리는 있다. 우리는 20세기의 유
럽에 가중하는 물질적인 얽매임과 그것을 에워싸고 있는 경
제적 상태의 철저한 결정론을 알고 있다.

우리는 열정과 조직화된 테러가 난무했던 수세기 동안에
는 빛이 뚫고 들어갈 수 없도록 우리의 영혼의 둘레에 두꺼
운 껍질을 둘러씌웠다는 것을 알고 있다. 그러나 우리는 정
신이 일할 수 있는 기적을 알고 있다.

역사가들이 우리 자신보다 더 어두운 하늘에서도 역사의
영광을 빛나게 하는 것을 보아왔다. 단 하루밖에 살지 못하
는 우리들도 「세계가 나락으로 떨어지는 것을 구하기 위해
서 그의 탐욕스런 눈초리를 가리고 그의 발걸음을 지키는
춤의 대가」인 시바1)의 북소리를 인도에서 붙잡았던 것이

---

1) 비샤카다타 저, ≪무드라 라크사사≫(400)의 연극에서 시바에 대
   한 가장 오래된 기원의 단편.

다.

혁명적이든 반동적이든 폭력을 믿는 정치가는 우리의 신념을 조소하고 그럼으로써 현실에 대한 그들의 깊은 무지를 나타낸다. 그들을 조소하자. 나는 이러한 신념을 가지고 있다.

나는 이 신념이 유럽에서 비난당하고 박해받고 있는 것을 알고 있으며 우리 조국에서도 그 신념을 믿는 자는 소수에 불과하다. 그리고 만약 내가 그것을 믿는 유일한 사람이라면 그것이 무슨 문제가 될까? 신념의 진정한 특징은 세계의 적대를 부인하려는 것이 아니라 그것을 인식하고 그러한 것임에도 불구하고 믿는 것이다.

신념은 투쟁이다. 그리고 우리의 비폭력은 가장 절망적인 투쟁이다. 평화에 이르는 길은 약함을 통해서 이루어지는 것은 아니다. 우리는 약하기 때문에 폭력으로 싸우지는 않는다. 선이든 악이든 그것은 강하지 않으면 아무런 가치도 없다. 절대적인 악은 유약한 선보다 더 훌륭하다.

신음하는 평화주의는 평화의 조종(弔鐘)이다. 그것은 비겁이며 신념의 결핍이다. 믿지 못하는 자와 두려워하는 자들을 추방하자. 평화에 이르는 길은 자기희생을 통해서 인도된다.

이것은 간디의 메시지이다. 결여된 한 가지 사항은 십자가이다.[2] 그 십자가가 유태인에게 없었더라면 로마가 그것을 예수에게 주지 않았을 것이라는 사실은 누구나 알고 있다. 대영제국은 고대의 로마보다 훌륭했던 것이 아니라 자극이 주어졌을 뿐이다. 동양인의 정신은 가장 깊은 바탕 속에서 움직여졌고 그 율동은 전 세계에 울렸다. 동양의 위대한 종교적 환영은 율동에 의해서 지배되고 있다.

한 가지 사실만은 명확하다. 즉, 간디의 정신이 승리하게 되거나, 또는 수세기 전에 영원히 반 신화된 메시아와 붓다가 명시했던 대로, 새로운 인간성을 이끌게 될 생활 원리의 완전한 구현화를 새로운 도정으로 향하는 것으로 다시금 명시하게 될 것이다.

---

2) 이것은 영국의 의식적인 반대자들 입장이며 이 입장은 타국가들에게 점차로 확대되어 가고 있다.

해 설

朴 錫 —

　이 글을 쓴 로망 롤랑은 프랑스의 소설가이며 전기 작가로서 널리 알려져 있다. 그는 생에 대한 참과 사랑의 깊은 정신세계에서 우러나온 작품들로 인하여 1815년 노벨 문학상을 받았던 것이다.

　그는 제1차 세계대전 중에는 무서운 전쟁에서 일어나는 참화로부터 인간을 구하고자 하는 간절한 뜻에서 독일·프랑스 간의 적대 감정을 해소하도록 하며, 상호간에 타인의 다른 의견을 충분히 이해할 수 있도록 인간주의에 입각한 유명한 논문들을 발표하였다. 반대적 입장을 가진 진영이나 적대적 감정을 가진 자의 견해를 상호간에 이해하고 조화를 이룰 수 있는 경지에까지 그의 사상은 심화되었고, 참에 근거를 둔 조화를 강조하였다.

　그는 20세기의 석학들인 버나아드 쇼, 버트란트 러셀, 타고르, 간디 등과 긴밀한 우정의 가교를 이루었으며, 제1

차 세계대전 말기에는 동양, 특히 인도에 깊은 관심을 돌리고 인도의 신비적인 철학을 서양인들에게 올바르게 인식시키기 위해 노력하였으며, 인도의 독립투쟁에 정신적으로 깊은 동정을 하고 이해하는 데 노력을 아끼지 않았다.

이러한 사상적 배경에서 그는 1924년 서양에도 그의 명성이 알려져 있는 마하트마 간디의 전기를 썼으며, 뒤이어 근대 인도 정신세계에 르네상스의 기치의 불꽃을 드높이 올린 라마크리쉬나(1929년)와 비베카 난다(1930년)에 관한 전기도 발표하여 서양인들에게 인도의 정신세계와 깊은 철학에 근거를 둔 그들의 사상을 소개하는 데 큰 역할을 했다. 당시 서양인들이 자기들만이 우월하다는 오만한 감정에 사로잡혀 있을 때 그는 서양인과 동양인을 대치적인 개념에서 보지 않고 신이 창조한 하나의 인간이라는 인간주의에 입각하여 인간이 똑같이 이룩한 정신세계를 이해하고 조화를 이루는 데 사상의 근거를 두었다.

로망 롤랑은 이 전기에서 「참이 곧 신이다」라는 신념을 가진 마하트마 간디의 사상과 그 사상을 무기로 외부에 나타난 인간의 여러 가지 부정적이고 포악한 행위들에 대해서 과감하게 도전하면서 3억 인도인들에게 마침내 용기를 불러일으켜 물리적 힘에 근거를 둔 대영 제국의 억압에서 벗어나고자 집요하게 무저항과 비폭력의 원리로 대중들을 이끌어 갔던 그 당시의 독립투쟁의 모습을 적나라하게 쓰고 있다. 인간의 동물에 대한 애착심에 관한 힌두 철학을 알지 못하고서는 이해하기가 퍽 난해하여 일반적인 사람들, 특히 서양인들에 대해서는 소의 보호, 혹은 신앙심에 대한 간디의 입장까지도 올바르게 이해시키려고 할 만큼 그는 인도 사상을 깊이 이해하고 있었다. 또한 특기할 것은 이 전기에서 그와 우정을 맺고 있으며, 그 당시 인도인의 정신세계에 양대 지주와 등불이 된 우주적인 인간이면서도 인도인임을 자부하고 역점을 둔 성인 간디와 인도의 참된 철학에 심취하여 그 터전에서 사상의 꽃을 피웠지만 코즈모폴리턴적인 시성 라빈드라나트 타고르에 관한 비교 서술에서 그들을 얼마만큼 이해하고 있는가를 역력히 볼 수 있다.

저자 로망 롤랑, 그리고 마하트마 간디와 라빈드라나트 타고르는 생명에 대한 사랑과 참을 믿었다. 그들은 어떠한 도그마도 믿지 않았으며, 인간주의에 입각해서 상이한 견해들에 대한 이해와 조화가 인류의 평화를 약속하리라는 것을 확신했다. 그들은 20세기에서 인류의 역사가 시작된 이래 가장 처절하였으며, 인류가 자멸했을지도 모르는 제1차, 제2차 세계대전들을 실제로 체험했으며, 앞으로 생명에 대한 경시와 인간성의 상실과 물리적인 힘에의 집착으로 인한 인류의 위기를 구하는 것은 인간주의에 입각한 생명에 대한 깊은 사랑과 조화임을 강조하였다.

옮긴이 약력

전남대학교 졸업
인도 델리대학교 대학원 졸업
한국 외국어대학 힌디(인도어)과장·교수 역임

저 서
〈힌두 문법〉

역 서
네루 《네루 자서전》·《인도의 오늘과 내일》
인디라 간디 《인도의 여로》

마하트마 간디전 〈서문문고 073〉

초판 발행 / 1973년 2월 5일
개정판 인쇄 / 2006년 4월 10일
개정판 발행 / 2006년 4월 15일
옮긴이 / 박 석 일
펴낸이 / 최 석 로
펴낸곳 / 서 문 당
주소 / 서울시 마포구 성산동 54-18호
전화 / 322—4916~8 팩스 / 322—9154
창업일자 / 1968. 12. 24
등록일자 / 2001. 1. 10
등록번호 / 제10-2093
SeoMoonDang Publishing Co. 2001

ISBN 89-7243-273-3   ※ 잘못된 책은 바꾸어 드립니다.